臺灣歷史與文化 研究輯刊

十四編

第 4 冊

從台灣基層金融到商業銀行
——「板信」之研究（1957～1997年）（下）

魏占峯 著

花木蘭文化事業有限公司

國家圖書館出版品預行編目資料

從台灣基層金融到商業銀行——「板信」之研究（1957～
1997 年）（下）／魏占峯著 -- 初版 -- 新北市：花木蘭文化事
業有限公司，2018〔民 107〕
目 8+178 面；19×26 公分
（臺灣歷史與文化研究輯刊十四編；第 4 冊）
ISBN 978-986-485-587-2（精裝）

1. 板信商業銀行

733.08　　　　　　　　　　　　　　　　　107012679

ISBN-978-986-485-587-2

9 789864 855872

臺灣歷史與文化研究輯刊
十四編　第 四 冊　　　　　　　ISBN：978-986-485-587-2

從台灣基層金融到商業銀行
——「板信」之研究（1957 ～ 1997 年）（下）

作　　者　魏占峯
總 編 輯　杜潔祥
副總編輯　楊嘉樂
編　　輯　許郁翎、王筑　美術編輯　陳逸婷
出　　版　花木蘭文化事業有限公司
發 行 人　高小娟
聯絡地址　235 新北市中和區中安街七二號十三樓
　　　　　電話：02-2923-1455／傳眞：02-2923-1452
網　　址　http://www.huamulan.tw 信箱 hml 810518@gmail.com
印　　刷　普羅文化出版廣告事業
初　　版　2018 年 9 月
全書字數　263324 字
定　　價　十四編 16 冊（精裝）台幣 38,000 元　　版權所有‧請勿翻印

從台灣基層金融到商業銀行
——「板信」之研究（1957～1997年）（下）

魏占峯 著

目

次

下　冊

圖　次

第五章　與地方社會

　　板信從創立到改制，歷任四位理事主席，因每位理事主席的學、經歷、人際關係及處事風格不同，故與地方社會關係的緊密親疏略有差別。但共同的特徵，是與地方各界始終保持和諧。板信創立於板橋市，於 59 年概括承受永和信用後，業務區域擴及中、永和及土城，亦與這 3 個市的地方人、事、物產生緊密連結，但板橋市始終是板信最重要的創始地。

　　公益金回饋地方，是信用合作社有別於銀行的一大特色。公益金是在合作社有盈餘時依法提列，作為回饋地方之用。這項金額在板信創立初期作用尚不明顯，至民國 70 年後，盈餘迅速提升，提列的金額年年增加，回饋地方公益的作用越明顯，藉由捐助地方建設、學校教學經費、公益團體等措施，能與地方關係緊密的結合。

第一節　與地方關係

　　信用合作社屬於地方基層金融之一，是由所在地的「人合」而成的機構，所以與地方社會息息相關，常受地方政治、經濟的情勢左右其發展，這是地方金融與一般銀行最大的不同之點。

一、與地方政治的關係

　　台北縣有三家信用合作社，板信、淡水信用、淡水一信。板信的業務區域在板橋、中、永和土城等 4 個縣轄市，是台北縣人口最集中的區域，85 年度 4 市人口數合計占全縣近 40％（見表 5－1－11）。淡水信用、淡水一信主要業務區域在淡水鎮及附近。這幾個市鎮都有地方派系存在。

（一）台北縣地方派系概況

台北縣行政區域計分爲 10 個縣轄市、4 個鎮、15 個鄉，截至民國 98 年 12 月底止人口有 3,873,653 人，〔註1〕由於外來人口大量移入，加上鄰台北市，工商發達。戰後由農業社會轉向現代工商社會，人民自主性提高，加上反對勢力崛起，兩黨政治漸漸形成，不利於地方派系之經營操作，故台北縣一直未能產生全縣性的地方派系，只形成鄉鎮市級的地方性家族派系。〔註2〕由於地方自然地形及資源各異，人口、經濟、社區發展差異極大，地方政治也有很大差異性。台北縣地方性派系主要存在於板橋市、中和、永和、新店市、三重市、新莊市、淡水鎮等鄉鎮市，然後吸併鄰近鄉鎮；如三重市吸納蘆洲市、五股鄉，板橋市涵蓋土城市、樹林市等。〔註3〕

台北縣派系較明顯的地方，大多處於都會區，這些地方的社會、工商業快速發展，都市計畫更新，人口迅速移入，結果帶動了房地產與營造建築業的活絡。原本以「甲」買賣的農地，都市發展後，一下子轉變成論「坪」出售的住宅或商業區，許多房地產業一夕獲利無數。這類房地產商爲維護自身利益，乃參與政治，形成新的政商關係，如板橋邱、劉、郭三家即是典型的例子。〔註4〕

（二）與板橋地區的地方派系

民國 36 年台北縣政府遷至板橋，爲台北市重要衛星都市。民國 61 年 7 月 1 日，因工商業迅速發展，人口大增，依法改制爲板橋市，現有人口超過 55 萬人，是台北縣最大縣轄市。〔註5〕探其原因，絕大多數爲外來人口，其中許多在台北市就業，家設於此的人。板橋市的外來人口中，以外縣市遷入所占比例最多，與板橋市或台北縣淵源淺，〔註6〕使地方派系很難深化。

板橋地區早期的地方勢力，主要是地方大家族或望族。〔註7〕戰後，國民

〔註 1〕台北縣政府網站：〈http://www.ris.tpc.gov.tw/_file/1392/SG/24964/38972.html〉（2010 年 3 月 23 日）載。「98 年 12 月台北縣人口資料」

〔註 2〕葉東舜著，〈台北縣地方派系與自治選舉之研究〉台北：銘傳大學，公共事務研究所碩士學位論文，2002 年，頁 83。

〔註 3〕葉東舜著，〈台北縣地方派系與自治選舉之研究〉，頁 84、85。

〔註 4〕廖忠俊著，《台灣地方派系及其主要領導人物》（台北市：允晨文化，2000 年），頁 51。

〔註 5〕盛清沂、吳基瑞編纂，《板橋市誌》，頁 9。

〔註 6〕盛清沂、吳基瑞編纂，《板橋市誌》，頁 27。

〔註 7〕盛清沂、吳基瑞編纂，《板橋市誌》，頁 150。

政府在台實施地方自治後，地方派系興起，並形成新的地方勢力。民國 60、70 年代，板橋市劉順天、郭政一、邱明政 3 人先後角逐市長職務，形成板橋地區政壇上的劉、郭、邱三股政治勢力，三個派系代表了三個家族，在板橋各擁有自己的區塊。〔註8〕其後，代表外地人的立法委員鄭逢時也被劃分爲一個政治勢力的鄭派。〔註9〕

邱、劉、郭三個家一派大都爲自發性形成的，多因人而起，因家族、事業而起。這些政治勢力都有成員參與板信的社、業務。

1. 邱家：家族領導者以邱榮隆、邱海水爲主。邱榮隆日治時期即參與地方政治事務，擔任板橋街第 3 保保長；戰後，擔任赤松里里長，板橋鎮第 2 ～4 屆鎮民代表，5～7 屆鎮代表會主席。邱海水曾任第 3、4 屆台北縣議員職務。第 2 代中，邱榮隆長子邱明政曾任台北縣第 7、8 屆縣議員，邱海水長子邱益三曾任台灣省第 7 屆省議員。

邱家早期務農，日治時期成立「泉和會社」，開始從商。邱榮隆成家後，成立「隆益商行」，經營食品罐頭及成爲黑松汽水之經銷商。戰後，邱榮隆仍經營飲料配銷。另外，他組織「板橋菸酒配銷所」，代理公賣局板橋、中永和、土城、樹林、鶯歌等地區菸酒配銷經營。而籌組成立「板橋信用合作社」是邱榮隆一生最重要的事業。

邱海水爲邱榮隆六弟，成立「邱合豐」企業，先從是米穀、雜糧買賣，曾任「台北縣米商公會」理事長、「台灣省米商公會」理事長職務，70 年後漸轉從事建築事業。亦參與板信籌備，爲創社理事之一，連任理事職務 12 屆先後 36 年。

邱家主導者邱榮隆、邱海水兩人，爲人較圓融、謙讓。兩人的政治事業，除了邱明政及邱益三曾先後承繼參選民意代表外，其他子姪輩就無意願參與政治事務，故在邱明政自板信退休後，邱家領導人年歲漸長，及板信需要新血輪參與的條件下，遂將主事 33 年的板信交與「劉家」2 房劉炳輝主事，並在其第 2 任內，改制爲商業銀行，邱家已退出板橋地方的公共事務。〔註10〕

〔註 8〕范姜坤火著，〈板橋市地方派系政治之研究——結盟、分化與式微〉台北：銘傳大學國家發展與兩岸關係碩士學位論文，2005 年，頁 46。
〔註 9〕范姜坤火著，〈板橋市地方派系政治之研究——結盟、分化與式微〉，頁 50。
〔註10〕參見邱明政訪談紀錄。

表 5－1－1：板橋市邱氏家族參與板橋信用合作社事務之成員履歷

成員姓名	在板信的職務	其他經歷	關　係
邱榮隆	創社理事主席 第 1～6 屆理事主席	板橋鎮第 2～4 屆鎮代表、 第 5～7 屆鎮代表會主席、 榮隆企業	邱家排行第四
邱海水	創社理事 第 1～12 屆理事	台北縣第 3、4 屆縣議員 邱合豐企業、建築業	邱榮隆六弟
邱春木	第 1～7 屆社員代表 5～10 屆理事	米糧商、米穀公會代表 建築業	邱榮隆五弟
邱明政	第 7 屆理事 第 8～12 屆理事主席	台北縣第 7、8 屆縣議員	邱榮隆長子
邱明信	第 10～12 社員代表 第 11～14 屆理事	黑松汽水板橋區配銷商	邱榮隆次子
邱明聰	第 8～16 屆社員代表	黑松汽水中和區配銷商	邱榮隆三子
邱明昭	第 13～16 屆社員代表	公賣局配銷處主任	邱榮隆四子
邱興華	第 11～16 屆社員代表	米商	邱榮隆姪子

資料來源：依據一、板信〈理監事名錄〉及〈社員代表名錄〉。二、《板橋市志》、《板橋市志續編》、《板橋市志三編》整理。三、粗體字姓名為曾任理監事之成員。

2. 劉家：派系領導人為劉順天，曾任台北縣第 5 屆縣議員、第 5、6 屆板橋鎮長、第 1 屆市長。父親劉金龍務農，劉順天排行第 6（6 房），〔註 11〕戰後，劉家很早就參與地方政治事務，2 房劉順杞曾任板橋鎮第 1、2 屆鎮代表，大房劉順和擔任過第 5、6 屆鎮代表，為板信創社理監事之一。〔註 12〕

第 3 代中以 6 房最積極參與政治，長子劉炳偉曾任板橋市第 3 屆市代表會主席，第 7～10 屆台灣省議員、副議長、議長，第 4 屆立法委員。四子劉炳華曾任第 2 屆增額立法委員、總統府國安會副秘書長。3 房長子劉炳信曾任台北縣第 11 屆縣議員，板橋市第 3 屆市代表、第 4 屆代表會副主席。4 房長子劉劉炳發曾任台北縣 9、10 屆縣議員，11、12 屆縣議會副議長。第 4 代中，劉炳信女兒劉姿鴻曾任第 14 屆縣議員。〔註 13〕

〔註 11〕 參見劉炳輝、陳錦成訪談紀錄。
〔註 12〕 盛清沂、吳基瑞編纂，《板橋市誌》，頁 207～221。
〔註 13〕 盛清沂、吳基瑞編纂，《板橋市誌》，頁 195～314。

　　劉家家族經營企業的範圍很廣，涵蓋建設、營造、醫院、廣告、金融、
證券等，其中以劉炳偉為中心的海山集團是知名的財團，劉家的基本勢力是
在板信、板橋市農會。〔註14〕

表5－1－2：板橋市劉氏家族參與板橋信用合作社事務之成員履歷

成員姓名	在板信的職務	其他經歷	關　係
劉順和	創社監事、第1～12屆監事、第5～11屆理事	板橋鎮第5、6屆鎮代表 劉大有企業	劉家排行長子
劉順天	第5～7屆社員代表	板橋第5、6屆鎮長、第1屆市長；第5屆縣議員；建築業	劉順和六弟
劉炳輝	第25、27屆監事、26屆監事主席；13、14理事主席	大順建設公司、三輝建設公司董事長	劉順杞三子 劉順和姪子
劉炳煌	第11、12屆社員代表 第12～14屆理事	建築業	劉順天次子
劉炳信	第7～15屆社員代表	台北縣第11屆縣議員；板橋市第3、4、7屆市民代表；建築業	劉順玉長子 劉順和姪子
劉炳哲	第5～16屆社員代表	建築業	劉炳輝大哥
劉炳文	第10～14屆社員代表	建築業	劉順和姪子
劉秀霞	第12、13屆社員代表	建築業	劉炳輝親妹
劉炳杉	第14～16屆社員代表	建築業	劉順和姪子
劉炳士	第15、16屆社員代表	建築業	劉順和姪子
劉李杏	第11～16屆社員代表	建築業	劉順和姪媳
劉姿鴻	第16屆社員代表	台北縣第14屆縣議員 建築業	劉炳信女兒
劉朝升	第14屆理事	建築業	劉炳信兒子

資料來源：依據一、板信文書股藏，〈理監事名錄〉及〈社員代表名錄〉。二、《板橋
　　　　市志》、《板橋市志續編》、《板橋市志三編》整理。

　　3. 郭家：郭家政治領導人為郭政一，曾任板橋市第2、3屆市長，第1屆
增額國大代表、第2屆立法委員，家族中參與政治事務以宗族為主，不若邱、
劉2家以嫡系血親傳承。家族中參與政治事務較具名的有王淑慧、郭金榜、
郭慶華等人。

〔註14〕范姜坤火著，〈板橋市地方派系政治之研究──結盟、分化與式微〉，頁46。

　　郭政一在尋求第三屆立委連任失敗後，郭家曾沉寂一陣時間，至王淑慧
（郭政一姪輩郭聰灶妻），當選台北縣第 14 屆縣議員後，才再度興起。郭家
除了郭政一、王淑惠外，其餘參與政治之族人，多為市民代表、里長等職務，
郭金榜曾任第 4 屆代表會主席，郭慶華擔任第 5 屆代表會副主席。

　　郭家是由板橋江子翠地區的地主興起，民國 58 年，板橋都市計畫時，江
子翠地區 80％土地是郭氏家族所有，在政商關係的發展上，大都是以地主身
分投資建築業，再投資於商業事務，參與政治事務並無整體規劃，常因人而
起，因人而落。〔註15〕

表 5－1－3：板橋市郭氏家族參與板橋信用合作社事務之成員履歷

成員姓名	在板信的職務	其他經歷	關　係
郭道明	第 5～14 屆理事	貿易商	郭政一堂弟
郭金榜	第 10 屆社員代表	板橋市第 4 屆市代會主席建築業	族淑
郭永福	第 10～16 屆社員代表	建築業	族淑
郭讚金	第 11～16 屆社員代表	建築業	族淑
郭阿和	第 11～16 屆社員代表	建築業	族淑
郭興正	第 11、14 屆社員代表		族兄弟
郭正義	第 11～16 屆社員代表	照明設備公司	族兄弟

資料來源：依據一、板信〈理監事名錄〉及〈社員代表名錄〉。二、《板橋市志》、《板
橋市志續編》、《板橋市志三編》整理。

　　4. 鄭派：是板橋市一股新的政治勢力，領導人鄭逢時曾任台北縣第 7 屆
縣議員，後任增額國民大會代表，第 7～9 屆台灣省議員，第 2～5 屆立法委
員。其妻王玲惠曾是台中「黑派」省議員。早年在台北縣東北角當選縣議員，
進入議會及著眼全縣，故遷住板橋後深耕地方，選舉善用宗親、後備憲兵幹
部等作為樁腳，是板橋地區最早重視形象包裝的民意代表。〔註16〕

　　鄭派屬於聯盟形態的派系，其代表性人物，有板橋市第 4、5 屆市長張馥
堂，板橋市第 6、7 屆市長、現任立法委員吳清池，曾任板橋市代表會主席呂

〔註15〕曹永央著，〈板橋地區政治領導人之派系研究〉台北市：國立師範大學三民主
　　　　義研究所碩士論文，1998 年，頁 58～60。
〔註16〕曹永央著，〈板橋地區政治領導人之派系研究〉，頁 60、61。

金財等人。〔註17〕鄭派一直跟著社會生態與政治局勢游走，對邱、劉、郭 3 家，採取不趨不離的態度，結交各層面人物，在地方上頗有勢力。

　　鄭逢時與企業關係綿密，他更擅長投資，與股市大戶關係密切，在政商關係中左右逢源，對選舉有極大助益。〔註18〕

表 5－1－4：板橋市鄭氏派系參與板橋信用合作社事務之成員履歷

成員姓名	在板信的職務	其他經歷	關　　係
吳清池	第 12 屆社員代表 第 31 屆監事	板橋市第 6、7 屆市長、現任立法委員 建築業	
呂金財	第 13、14 屆社員代表	板橋市第 7～9 屆市代會主席 建築業	

資料來源：依據一、板信文書股藏〈理監事名錄〉及〈社員代表名錄〉。二、《板橋市志》、《板橋市志續編》、《板橋市志三編》整理。

（三）與中和、永和地區派系

　　永和市，原隸屬於中和鄉，民國 49 年，自中和鄉分設為永和鎮。〔註19〕中、永和都有地方派系，但多未介入板信事務，兩地的派系與板信的關係不深。

1. 永和市的大陳派與小陳派

　　永和鎮與台北市有中正橋相通，63 年福和橋繼中正橋後完工，交通更加便捷，成為台北市之住宅區，人口遽增，至 66 年人口已逾 15 萬人，經地方人士極力爭取，獲准於 68 年與中和鄉一同改制為縣轄市。〔註20〕其派系有大、小陳派之分。

　　（1）大陳派：大陳派要員有：陳新墻、陳根塗、洪吉春、孫火木、孫勝志
　　　　　等，及現任立法委員林德福。

　　（2）小陳派：主要成員有：陳金讓、林長勳、吳益利、謝財福、林忠榮等
　　　　　人。〔註21〕

〔註17〕張勝彥總編纂，〈選舉志・第一篇至第七篇〉，《續修台北縣志》（板橋市：台
　　　　北縣政府，2006 年），頁 37、76、80、84。
〔註18〕曹永央著，〈板橋地區政治領導人之派系研究〉，頁 61。
〔註19〕吳學明主編，《永和市志》（永和市：永和市公所，1986 年），頁 9～11。
〔註20〕吳學明主編，《永和市志》，頁 16、17。
〔註21〕中華綜合發展研究院應用史學研究所總編纂，《永和市志》（台北縣：永和市
　　　　公所，2005 年），頁 252～256。

這兩派成員中，只有吳益利曾任板信社員代表職務。

2. 中和市之林江派與呂游派

（1）林江派：主要成員有：林德喜、江貴元、趙長江、江上清（趙長江長子，從母姓）、趙永清（趙長江次子），及現任立法委員張慶忠。〔註22〕

（2）呂派：成員均為呂氏家族，有呂芳契〔註23〕省府委員，唐榮公司董事長。〔註24〕呂芳海、呂芳煙〔註25〕呂芳雲、呂學圖等。〔註26〕其中呂芳雲曾任板信社員代表。

（3）游派：主要成員亦均為游氏家族，游火金、游任和、游詩源、游明財等人。〔註27〕

二、邱榮隆創社時的政商關係

板信是由邱榮隆發起設立的，以他為中心，結合與他有關的政商關係結合創設的。所以要了解板信內部的政、商關係，須從他的政商關係著手。

（一）商業上的關係

1. 個人及家族事業

邱榮隆家族原系務農為業，日治時期開始從商。邱榮隆排行第4、邱春木排行第5、邱海水排行第6，3個人均為板信創設時之主要人物。邱榮隆自立後，從事飲料、罐頭生意，取得「黑松汽水」、日本「味之素」板橋、中和、土城、樹林、鶯歌等地區之經銷權。邱春木、邱海水自立後，從事米糧批發。兩人的米糧生易規模頗大，是臺北縣最大米商之一，邱海水，曾當選臺北縣米商公會及臺灣省米商公會理事長的職務。

戰後，台灣社會經濟繁榮，市場擴大，邱榮隆乃於52年成立「榮隆飲料有限公司」、「永和泰商行」、「群和食品有限公司」專營黑松汽水相關飲料之配銷。〔註28〕邱海水、邱春木則於70年左右，開始從事建築業。

〔註22〕中華綜合發展研究院應用史學研究所編纂，《中和市志》（中和市：中和市公所，2005年），頁219～266。

〔註23〕中華綜合發展研究院應用史學研究所編纂，《中和市志》，頁271、272。

〔註24〕葉東舜著，〈台北縣地方派系與自治選舉之研究〉，頁93。

〔註25〕中華綜合發展研究院應用史學研究所編纂，《中和市志》，頁219～266。

〔註26〕葉東舜著，〈台北縣地方派系與自治選舉之研究〉，頁93。

〔註27〕中華綜合發展研究院編纂，《中和市志》，頁225、267、271、273。

〔註28〕參見邱明政訪談紀錄。

2. 板橋菸酒配銷所

民國三十五年，邱榮隆受命結合板橋、中、永和、土城、樹林等相鄰地區菸酒零售商，組織板橋配銷所，代理公賣局菸酒配銷。配銷所成立後，邱榮隆被選任為配銷所主任。〔註29〕

飲料及菸酒配銷，最主要的對象就是各地眾多的「雜貨店」，民國 70 年以前，是台灣民生商品重要的通路。這 2 條通路，在板信籌設時發揮了很大的作用，創社社員中有很大的部分是透過這 2 條經銷系統招募的。〔註30〕

3. 環球戲院

「環球戲院」是由邱榮隆與朋友共同集資成立的，先租用日治時期「海山自動車會社」辦公室，作為戲院場地，該產業係林平賜家族所有。環球戲院邱榮隆並未實際參與經營，但在板信籌設時，占有關鍵性的地位，股東踴躍出資，板信創社時的 16 位理、監事中，即有 7 位是「環球戲院」的股東。

（二）政治及地緣關係

1. 鄰里系統

邱榮隆戰前擔任過保長的職務，戰後，被選為第 1 屆赤松里里長。〔註31〕赤松里為板橋舊街 5 里之一，由於擔任過里長，與街里鄰居關係良好，所以板信籌設時，板橋「舊街仔底」5 里居民給予很大支持，社員中這 5 里里民占有 50%上。〔註32〕

2. 板橋鎮民代表會系統

民國 37 年起，邱榮隆開始選任為板橋鎮民代表。43 年起，被推為鎮民代表會主席職務，並連任 5～7 屆代表會主席。於 45 年擔任第 5 屆代表會主席任內，因緣際會，發起創設板信，鎮代表會給予很大的支持，故板橋鎮代表會系統，在板信創設時，也占有重要地位。

3. 台北縣政府與板橋鎮公所系統

板信籌設時，邱榮隆是鎮民代表會主席，邱海水擔任台北縣縣議員，為籌備信用合作社事務，與兩個地方政府多所接觸，獲得縣政府及市公所支持

〔註29〕參見邱明政訪談紀錄。
〔註30〕參見陳錦成訪談紀錄。
〔註31〕參見邱明政訪談紀錄。
〔註32〕參見邱明政、陳錦成訪談紀錄。

及幫助甚多，縣政府人員更不吝指導，市公所人員亦極力參與創立事務。創社後有多人加入理、監事行列。

4. 原「板橋信用組合」系統

日治時期，台灣的金融經營，除了信用組合以外，是台灣人不得碰觸的領域。板信發起時，邱榮隆等人，對金融經營，無實際的經歷，所以特別邀請部分原「信用組合」人員參與發起及經營。「板橋信用組合」的會員以農民為主，戰後改制為「板橋農會」，多數人員被歸併入農會系統，少數非農民如除朝鳳、林平賜等人，遂參與板信的籌備事務。

三、板信創社理監事及第一屆社員代表的政商關聯

板信經由邱榮隆結合板橋鎮各方人士共同發起設立，發起人中，除了當時擔任國民代表的苗文齋，及新埔人士廖廷松外，其餘 16 人均成為板信的創社理監事。邱榮隆與 15 位理監事之關聯，多數人士不只是單純的一層關係。

（一）板信理監事間的關聯

板信創社理監事共 16 名，邱榮隆被推為理事主席，其餘 10 理事分別為：徐朝鳳、吳明、邱木、歐潤、江陳樹、汪金傳、林平賜、邱海水、吳樹木、廖癸霖。監事主席林水木，監事劉順和、汪金土、林宜火、邱垂源。

1. 代表會系統：邱榮隆、林水木、劉順和、邱垂源。4 名。
2. 環球戲院股東：邱榮隆、江陳樹、汪金傳、汪金土、歐潤、邱木、林宜火。7 名。
3. 舊街五里：邱榮隆、吳明、邱木、歐潤、江陳樹、汪金傳、林平賜、邱海水、吳樹木、廖癸霖、汪金土。11 名。
4. 信用組合系統：徐朝鳳、林平賜。2 名。
5. 配銷系統：邱榮隆、歐潤、林宜火。
6. 里長：吳明。
7. 兄弟、親戚：邱榮隆、邱海水、邱木。汪金傳、汪金土、廖癸霖。〔註33〕

從表 5－1－5 中，可以了解邱榮隆創立板信時，重要核心人事間的關係。創社時的股金 50 萬元，大部分是由擔任理監事者所出資的。當時共識，日後

───────────

〔註33〕邱榮隆、邱海水為兄弟，與邱木為宗親及鄰居，汪金傳、汪金土為兄弟關係，汪金土為廖癸霖之岳父。

擔任理事主席者籌資 4 萬元，理事 2 萬 5 千元，監事 1 萬 5 千元之認股額計，理監事籌股即占總股金的 56％。事業初創，願意共襄盛舉的，除了理想外，最重要的還是個人的資力問題。當時，板橋以舊街最為繁榮，所以籌股重點在邱榮隆戶籍所在的板橋舊街區。其次為邱榮隆商業上的夥伴，7 人中除了林宜火外，其餘 6 人的戶籍亦皆在舊街區的範圍內。〔註34〕

表 5－1－5：板橋信用合作社創社理、監事關係分析

屬　　性	理事	監事	比率％	屬　　性	理事	監事	比率％
鎮代表會	1	3	25	信用組合	2	－	13
環球戲院	5	2	44	里　　長	1	－	6
舊街 5 里	10	1	69	兄弟親戚	5	1	37
配銷系統	2	1	19	理監事名額	11	5	100

資料來源：依據 1、《板橋市志》；2、昭和 13、15 年〈海山郡產業組合要覽〉；3、邱明政、林宜火、郭道明、陳錦成、朱茂陽訪談紀錄。4、板信歷屆〈理、監事名錄〉整理。

（二）創社時與邱、劉、郭三個家族

在板橋地區政壇上，時常被提及的邱、劉、郭 3 個家族，3 個家族參與政治的時間，早晚有別，板信創立時以邱家著力最大，劉家次之。參與地方公職，以邱家最早，邱榮隆在日治時期曾任保長職務，戰後擔任過里長、鎮民代表。籌創板信時，正擔任板橋鎮第 5 屆鎮代會主席職務。邱海水則擔任台北縣第 3 屆縣議員，亦參與奔走創社事務。〔註35〕

劉家亦很早就參與地方事務，第 1 屆鎮代表選舉，劉家就推出 2 房劉順杞參選。〔註36〕43 年續推出長房劉順和參選第 5 屆鎮代表，在鎮代會時劉順和與邱榮隆交好，並參加板信的發起工作，成為創社監事之一，歷任板信理、監事 32 年。〔註37〕邱劉兩家長期友好，地方事務上多相互奧援。

〔註34〕盛清沂、吳基瑞編纂，《板橋市志》，頁 11。板橋舊街 5 里，面積為 0.3517 平方公里，占全區 23.4221 平方公里的 1.5％，村里數有 64 鄰，占全區 284 鄰的 23％。全鎮人口 45,882 人計，以當時各鄰人口平均數計算，5 里人口為 10,340 人以上。

〔註35〕盛清沂、吳基瑞編纂，《板橋市志》，頁 215、304。

〔註36〕盛清沂、吳基瑞編纂，《板橋市志》，頁 207、208。

〔註37〕參見邱明政、陳錦成、朱茂陽訪談紀錄。

　　郭家在地方事務上較晚興起，當板信籌社期間，郭家江子翠故居，仍爲農業區，故無代表性人物參加籌設工作。日後，在板信歷任理事會中，郭家最具代表性的人士，爲郭政一之堂兄弟郭道明理事，他參與第 5 屆理事會選舉，係受其岳父林平賜之鼓勵。他現任「板信商銀」董事，自 58 年起擔任板信理事至今，前後共歷 40 年，爲板信最資深董事。

（三）第一屆社員代表的政商關係

　　板信在開業半年後，依法選任第一屆社員代表 64 名，各區選出的代表人數，以舊街 5 里最多，共有 46 名，占全體社員代表人數的 56.25％，由此知，舊街在板信創設時的重要性。再進一步分析，板信初創時社員代表的組成階層，商界是以小工商業爲主，占有 35.93％，如加計鎮民代表、里長等民意代表之本業及配銷系統（以雜貨店爲主）等，則高達 68％以上；其次，公教人士亦爲組成板信的主力，占有 25％，再次爲民意代表（見表 5－1－6）。

　　在政界，因爲邱榮隆擔任板橋鎮民代表會主席，所以創社初期社員代表或理監事，頗多具鎮民代表身分；縣議員級的民意代表，則只有邱榮隆胞弟邱海水一人。

　　至於劉家本居地浮洲區，郭家的江子翠區，尚屬農業區，在民國 66 年以前，有農民身分之國民是不能加入信用合作社爲社員。〔註 38〕所以兩地社員人數少，58 年後，才有較多的社員加入。

表 5－1－6：板橋信用合作社第 1 屆「舊街 5 里」社員代表數統計

里　　別	留侯	流芳	赤松	黃石	挹秀	其他區域
社代人數	4	10	7	6	9	28
合　　計			36		28	
比率%			56.25		43,75	

資料來源：依據 00－47－86－100－1，〈板橋信用合作社社員代表大會紀錄〉，（民國
　　　　　46 年 12 月 15 日）。

〔註38〕台北市政府財政局編印，《合作金融法令彙編》，頁 102。

表5－1－7：板橋信用合作社第1屆社員代表職業、職務關係統計

職業、職務	一般工商業	鎮民代表	里　　長	市公所員工	縣政府員工
人數	23	10	4	9	3
比率%	35.93	15.62	6.25	14.06	4.69
職業、職務	其他公教	配銷系統	建築業	其　　他	合　　計
人數	4	7	2	2	64
比率%	6.25	10.94	3.13	3.13	100

資料來源：依據00－47－86－100－1，〈板橋信用合作社社員代表大會紀錄〉，（民國46年12月15日）。

四、與地方社會的關聯

板信業務區域範圍跨越 4 個鄉鎮市行政區，每一行政區因分社設置，社業務推展時程的先後，各行政區地方人士參與程度有很大的差別。民國60年以後，隨著業務區域的都市發展，人口急速增加，板橋、中永和、土城，漸次成為住宅型都市，住屋需求殷切，建築業十分興盛，板信在業務上，有大筆資金挹注在該項行業上，從事建築的人士亦積極的參與板信的行列。

（一）板信與四鄉鎮市的的關聯

板信於民國58年起，開辦「社員購屋貸款」業務，使社員人數大增；60年以後，又合併「永信」，業務區域跨4個行政區。金融機構的服務，必須經由營業單位提供，板信與各行政區的關係，因為分社設置的先後，與分社在各市鎮的家數不一，使各地方社會參與板信的社業務，在時程與程度上有極大的差異。

1. 與板橋地區社會的關聯

板橋市是板信的創始地，所以與板橋地區的關係最為密切，即使業務區域擴大，這種局勢亦難以改變。板信創立後，板橋地區隨著經濟成長，成為台北市重要衛星都市，及人口疏散地，大量移民不斷流入。隨著人口增加，住宅需求殷切，透過都市計畫，板橋原有的農地，紛紛改為住宅區興建住屋，供應外來人口的需求。大多數購屋者需要貸款，板信適時地推出購屋貸款，使社員迅速增加，也因此與部分新移入的住民及地方的結合就更緊密。

（1）民國58年以前

光復初期，板橋鎮以舊街區最為繁榮，但是隨著經濟發展，舊街幅員有限，無法接納大量外來人口，於是市區發展乃逐漸向外擴展，先由舊街拓向緊鄰之涌仔、社後、後埔等區；民國68年，華江橋開通後，與台北市隔橋相通的江翠區，成移入人口的首選，最後才漸及於最南區域的浮洲區。

板信與板橋各市區的關係，受各市區都市發展及分支單位設置先後的影響很深。46年設立時，板信只有總社一個營業單位，位置在舊街區內，所以緊鄰的涌仔區、社后區、後埔區為初期業務發展的重心。

從表5-1-8之統計，各市區的社員代表人數，可以很清楚的了解，板橋市各區與板信的關聯程度。創設時舊街區五里社員代表人數占有過半人數，若加計鄰近的涌仔、社後、後埔各區，則幾近80%。舊街區的面積只有0.3517平方公里，〔註39〕幅員狹小，發展受限，60年之後，板橋市的都市發展由舊市區次地的向外擴展，舊街的重要性逐年下降，鄰近的涌仔、社後、後埔等區則逐年遞增。其餘區域也在逐漸增長（見表5-1-8）。

表5-1-8：板橋信用合作社第1屆至第7屆社員代表人數統計表

屆次	選舉年度	舊街五里	涌仔社後	浮洲	後埔廣福	深丘埔墘	新埔江翠	土城	中和	合計
1	46／12	36	6	1	9	6	3	2	1	64
		56.24	9.38	1.56	14.06	9.38	4.69	3.13	1.56	100
2	48／12	36	7	2	9	8	3	3	2	70
		51.43	10.00	2.86	12.86	11.43	4.29	4.29	2.86	100
3	50／12	34	10	2	10	7	4	3	2	72
		47.21	13.89	2.78	13.89	9.72	5.56	4.17	2.78	100
4	52／12	31	12	2	10	8	5	3	2	73
		42.46	16.44	2.74	13.70	10.96	6.85	4.11	2.74	100
5	54／12	35	16	2	15	8	4	4	3	87
		40.23	18.38	2.30	17.24	9.20	4.60	4.60	4.45	100
6	56／12	32	18	1	19	10	5	5	4	94
		34.04	19.15	1.06	20.21	10.64	5.32	5.32	4.26	100

〔註39〕盛清沂、吳基瑞編纂，《板橋市志》，頁11。

屆次	選舉年度	舊街五里	湳仔社後	浮洲	後埔廣福	深丘埔墘	新埔江翠	土城	中和	合計
7	58／12	29	18	1	19	11	5	5	4	92
		31.52	19.57	1.09	20.65	11.96	5.43	5.43	4.35	100

資料來源：一、依據00－47－86－100－1，〈板橋信用合作社歷屆社員代表選舉統計
　　　　　　　資料〉，歷年〈板橋信用合作社社務會紀錄〉整理。

　　　　　二、社員代表人數係依各區社員人數以同一比率選出。

　　　　　三、表內每一屆次粗體數字代表人數，細字為百分比。

（2）民國58年以後

　　板信自民國59年4月儲蓄部獨立營業起，至65年，營業單位拓展最為迅速。60年概括承受「永和信用」後，設置了永和分社；62年至65年在板橋市陸續設立埔墘分社、華江分社及民族分社。當時、板信業務區域內的 4 鄉鎮市中，中和、土城兩地為鄉行政區域，依法不得設立分社，永和鎮方納入業務區域內，社、業務尚待努力拓展，所以分社的設置以板橋市為主。

　　這段期間也是板橋地區人口移入最迅速的時期，由10萬人左右，快速增加近30萬人（282,318人；見表5－1－11）。板橋鎮改制為縣轄市後，原有農業區，紛紛透過都市計畫，變更為住宅區或商業區，板橋的市容也因此徹底改變。

　　由於板橋市的發展，板信與各市區的關係，也隨著板橋市的改變及分支機構的設置產生變化。從各屆社員代表的人數上，可以看出有別於創立之時。舊街區的社員代表人數由原有的 56％，逐年減少，59 年時已降到 31％；70年時，已降低至 5％以下，其他地區社員人數以代表名額推算，已紛紛超越舊街區（見表5－1－9）。

表5－1－9：板橋信用合作社第 8 屆至第 16 屆社員代表人數統計

屆次	選舉年度	舊街五里	社後湳仔	浮洲	後埔廣福	深丘埔墘	新埔江翠	中永和土城	合計
8	61／12	26	28	1	24	13	8	23	123
		21.14	22.76	0.82	19.51	10.57	6.50	18.70	100
9	64／12	19	31	2	26	23	16	30	147
		12.93	21.09	1.36	17.69	15.65	10.88	20.40	100
10	67／12	15	36	5	29	29	36	40	190
		7.89	18.95	2.64	15.26	15.26	18.95	21.05	100

屆次	選舉年度	舊街五里	社後湳仔	浮洲	後埔廣福	深丘埔墘	新埔江翠	中永和土城	合計
11	70／12	9	33	13	28	29	38	40	190
		4.74	17.37	6.84	14.74	15.26	20.00	21.05	100
12	73／12	6	25	11	20	21	27	35	145
		4.14	17.24	7.59	13.79	14.48	18.62	24.14	100
13	76／12	6	25	10	19	20	25	40	145
		4.14	17.24	6.90	13.10	13.79	17.24	27.59	100
14	79／12	5	22	9	17	19	25	48	145
		3.45	15.17	6.21	11.72	13.11	17.24	33.10	100
15	82／12	5	22	9	18	19	25	53	151
		3，31	14.57	5.96	11.92	12.58	16.56	35.10	100
16	85／12	5	22	9	17	19	25	54	151
		3.31	14.57	5.96	11.26	12.58	16.56	35.76	100

資料來源：一、依據00－47－86－100－1，〈板橋信用合作社歷屆社員代表選舉統計資料〉，歷年〈板橋信用合作社社務會紀錄〉整理。

二、社員代表人數係依各區社員人數以同一比率選出。

三、表內每一屆次粗體數字代表人數，細字為百分比。

2. 與中、永和、土城社會的關聯

民國59年後，板信業務區域共有2鎮2鄉之區域。依當時法令，中和、土城2鄉不得設駐營業單位，所以兩鄉社業務一時間難以大力推行。永和分社新設，初期當地部分人士對板信接手永信仍懷有敵意，業務推廣尚待努力。故這3個鄉鎮在板信屬邊遠地域。

65年後，永和分社經數年努力，已受到當地人士的認同。同時，板信在板橋市營業單位的布局已完成，認為在板橋、永和間廣大的中和鄉，有設置分社之必要。65年時，中和鄉人口雖已超過15萬人口（見表5－1－11），但礙於法令不得設立分社，板信乃採變通方式，在板橋、中和2個行政區域的緊鄰處，設置民族分社，作為服務中和地區社員的工作。自民族分社設立後，在中和地區的社務發展日盛，對板信的重要性日益增加。

土城鄉亦受限於法令，使社業務長期受限。至77年財政部放寬分社管制，板信乃於78、79兩年，分別成立中和分社及土城分社。至此，板信在4個鄉鎮市的行政區域內，才都有營業單位為社員服務，讓中、永和、土城地區的社、業務與板信有更加緊密的關係。所以自79年起，這3個市，社員代表的人數才得以超過30%（見表5－1－10）。

表 5－1－10：板橋信用合作社第 8 至 16 屆業務區域內各市社員代表人
數統計

屆次	選舉年度	板橋市	土城市	中和市	永和市	合計
8	61／12	100	6	10	7	123
		81.30	4.88	8.13	5.69	100
9	64／12	117	4	13	13	147
		79.60	2.72	8.84	8.84	100
10	67／12	150	3	19	18	190
		78.95	1.58	10.00	9.47	100
11	70／12	150	1	23	16	190
		78.95	0.52	12.11	8.42	100
12	73／12	110	2	21	12	145
		75.86	1.38	14.48	8.28	100
13	76／12	105	6	22	12	145
		72.41	4.14	15.17	8.28	100
14	79／12	97	8	25	15	145
		66.90	5.52	17.24	10.34	100
15	82／12	98	11	26	16	151
		64.90	7.28	17.22	10.60	100
16	85／12	97	13	26	15	151
		64.24	8.61	17.22	9.93	100

資料來源：一、依據 00－47－86－100－1，〈板橋信用合作社歷屆社員代表選舉統計
　　　　　　　資料〉，歷年〈板橋信用合作社社務會紀錄〉整理。

　　　　　二、社員代表人數係依各區社員人數以同一比率選出。

　　　　　三、表內每一屆次粗體數字代表人數，細字為百分比。

表 5－1－11：板橋信用合作社業務區域內人口數與台北縣、市人口數
比較

年度	板信業務區域人口數					台北縣		台北市	
	板橋	中和	永和	土城	合計	人口數	比率%	人口數	比率%
60	126,980	84,371	97,877	32,119	341,347	886,525	38.50	1,839,641	18.56
65	282,318	153,100	150,143	38,121	623,682	1,757,238	35.49	2,089,288	29.85
70	422,260	279,664	213,787	60,398	976,109	2,354,858	41.45	2,270,983	42.98

年度	板信業務區域人口數					台北縣		台北市	
	板橋	中和	永和	土城	合計	人口數	比率%	人口數	比率%
75	491,721	334,663	238,677	102,973	1,168,034	2,727,510	42.82	2,575,180	45.36
80	542,942	379,968	247,473	142,348	1,312,731	3,107,276	42.25	2,717,992	48.30
85	524,323	383,715	230,734	202,436	1,341,208	3,355,299	39.97	2,605,374	51.48

資料來源：依據內政部編，《台閩地區人口統計年報》（1971～1996 年）整理。

（二）與地方政治的關係

信用合作社興起於地方，自難與所在地的政治事務擺脫關係，板信創立於板橋市，又納入鄰近中、永和與土城 3 個縣轄市，與這 4 個市的社會、經濟自有緊密的關聯。但在政治上，與地方上的各級民意代表與地方政府，則長期保持著和諧的關係，並未受制於地方政治，也未涉入地方派系的旋渦中。

1. 板信理事主席與地方政治

信用合作社的理事主席對外代表信用合作社，並負責日常社、業務的運行，所以理事主席握有掌控社、業務的能力。在台灣各地，因為信用合作社擁有眾多社員，組織嚴密，與地方關係密切，故各社理事主席的態度，常影響地方的選舉事務，及引發地方政治上的紛擾。

板信歷任理事主席自邱榮隆，從第 7 屆鎮民代表會主席職務卸除後，歷任理事主席在任內，均不再擔任民意代表的職務。在地方選舉事務上，長期保持中立的態度，與各級公職人員保持和諧關係，相對的也免除了地方政治事務的紛擾。

（1）邱榮隆時期

邱榮隆對金融事務及地方政治的認知，最能代表板信的立場。邱榮隆是板信歷任理事主席介入地方政治最深的一位。在籌備板信時，鎮代表會代表是主力之一，第一屆理、監事會中，以邱榮隆為首，共有 5 位鎮民代表選任理、監事，占人數的 31%，是邱榮隆在板信的支持力量之一。鎮民代表之外的民意代表，尚有邱榮隆胞弟邱海水擔任的台北縣第 3 屆縣議員，林宜火擔任的中和鄉代表職務，都是重要支持的力量。

板信創立後，邱榮隆續任板橋鎮民代表會主席，第 6 屆鎮代表會中，板信成員在代表會中，增加了副理林重豪，與股長朱茂陽，共 6 位民意代表（邱海水亦連任縣議員）。第 7 屆任內時，具民意代表的理監事則相對減少。第 7 屆鎮

代表會主席任滿後，邱榮隆即不再連任，專心於板信及板橋菸酒配銷所之業務。

　　邱榮隆卸任後，對地方的政治事務，在公開場合上，代表板信的立場時，即以中立的態度表態，並力求與各方保持友善關係，亦不同意板信職工參與政治。他曾勸導擔任板橋第 9 屆鎮代會主席朱茂陽，專心於板信業務，最能代表他主事板信時，對地方政治的態度。

　　朱茂陽現任板信商銀監察人，曾任板信副總經理，退休後轉任板信理事，是板信創社員老員工之一。朱家亦為板橋世家之一，伯父朱四海、父親朱四維，曾在日治時期先後擔任板橋街庄協議員，〔註 40〕堂兄朱昭陽為「延平中學」創辦人，其餘兄弟多人在教育界、醫界都頗富盛名。〔註 41〕朱茂陽在職期間，自 47 年起即連任 6～8 屆板橋鎮代表，及第 9 屆鎮代會主席，61 年板橋鎮改制為縣轄市後，成為第一屆市代表會主席。〔註 42〕

　　邱榮隆卸任後，專心於板信業務，也要求員工專心於自己負責的業務。朱茂陽因兼任鎮代表職務，常需請假開會。邱榮隆曾勸導他以工作為重，唯朱茂陽對參與地方政治及公眾事務興趣濃厚，仍選任鎮代表會主席的職務。為此，邱榮隆恐其忙於鎮代會會務，影響板信業務，曾暫停調整其職務。

　　由於邱榮隆的態度，所以板信員工少有介入地方政治事務，邱榮隆也不以板信名義表態支持特定候選人。更未曾發動員工參與個別候選人的競選活動。邱榮隆的這項作為，日後在板信遂成傳統，所以在地方選舉的紛擾中，板信都謹守中立的立場，未被捲入紛擾中。

　　（2）林平賜任內

　　林平賜亦板橋世家，任職糧食局，具公務員身分，退休後再選任板信理事主席職務。參與板信理事會，是他唯一曾參與的地方事務，在地方公職選舉上則無經歷。他任內也未舉行過地方性的選舉，故與地方政治並無深厚的淵源；曾參與的選舉事務，僅止於以個人身分，幫女婿郭道明之堂兄郭政一參選板橋市第 2、3 任市長助選過。板信因為在邱榮隆任內，對地方政治秉持中立的立場，所以林平賜主事時，亦比照處理。他任內，當屆的理監事會中，具有公職的理事則有：縣議員邱明政、林延湯；市代表江溪釧、莊賜皇、陳陽生；監事陳騰麒等人。

〔註 40〕　盛清沂、吳基瑞編纂，《板橋市志》，頁 197～205。
〔註 41〕　參見朱茂陽訪談紀錄。
〔註 42〕　盛清沂、吳基瑞編纂，《板橋市志》，217～227。

（3）邱明政任內

邱明政曾擔任台北縣第8、9屆縣議員。他曾與郭政一同時爭取國民黨板橋第2屆市長候選人提名，經各方協調後訂定了，第2屆市長候選人先提名郭政一，第3屆再提名邱明政參選的協議。協議後，邱明政乃續任縣議員，並於64年邱榮隆退休時，接續參與板信理事會。66年板橋市第3屆市長提名時，地方政治情勢丕變，國民黨已無法依協議提名邱明政為市長候選人，乃採權宜之策，欲提名邱明政為省議員候選人，經邱明政嚴正拒絕。經2次爭取提名失利後，邱明政乃決意不再參選公職，同一年板信發生永和弊案，林平賜為此身心疲倦，次年板信理事會改選，無意續任理事主席；邱明政在各方支持，遂選任板信第8屆理事主席。

板信這次理事主席選舉，因於板橋市長選舉之後，林平賜與郭道明乃岳婿關係，郭道明與郭政一則有堂兄弟之血緣，故地方上將2件事聯想在一齊，由此盛傳板信理、監事會之間的派系對立，也曾被學術研究引述為板橋地方派系鬥爭的論點。〔註43〕板信內部則否認此事，認為外傳並非事實，板信理、監事會一向和諧，並無派系之存在；邱明政、郭道明亦否認兩家在板信的社、業務上有相互對立之情形。〔註44〕

邱、劉兩家則存有長期友誼及合作，邱明政在82年退休後，邱家就淡出板橋的地方事務。板信理事主席的職務，邱明政在廣徵地方人士意見後，並取得劉家同意，乃支持劉炳輝接續板信理事主席。〔註45〕

邱明政就任時，已無公職身分，所以在地方公職人員選舉時，也謹守著金融機構中立的立場。板信除了部分理監事具有公職外，社員代表、一般客戶亦有不少人士具有民意代表身分，故以金融經營的立場，保持中立態度是有其必要的。在板信的歷屆社員代表、理、監事會裏，都有具民意代表身分者參與，但比率則有遞減的現象。

（4）劉炳輝任內

劉炳輝擔任板信第13、14屆理事主席，本人未曾擔任過任何公職，唯板橋劉家是最積極參與地方選舉事務的家族。他任內，劉家第6房劉順天

〔註43〕范姜坤火著，〈板橋地方派系政治之研究──結盟、分化與式微〉；葉東順著，〈台北縣地方派系與自治選舉之研究〉。

〔註44〕參見邱明政、郭道明訪談紀錄。

〔註45〕參見邱明政、郭道明、陳錦成、朱茂陽訪談紀錄。

長子劉炳偉已選任為台灣省議會議長職務，83 年爭取連任時，以兩人的關係，劉炳輝個人自是義不容辭的參與助選活動，但板信在地方選舉上，一向採中立的立場，他也未刻意打破，相關的選舉活動，他都是以個人名義私下請託。

　　他任內，板信理、監事會中，具有民意代表身分的理、監事人數最少。第 13 屆時，僅有縣議員徐秀廷，及中和市民代表呂禮旺；第 14 屆則僅有呂禮旺 1 人（見表 5－1－12）。

表 5－1－12：板橋信用合作社歷任理、監事任內職業、職務統計

一、邱榮隆任內

任期	理事監事	人數	公職職務				職　業		
			省議員	縣議員	鎮代表	里長	一般工商	公教	建築業
46～48	理事	11	－	1	1	1	10	1	1
	監事	5	－	－	3	－	5	－	－
49～51	理事	11	－	1	3	1	9	1	1
	監事	7	－	－	2	2	6	1	－
52～54	理事	11	－	－	2	1	8	2	－
	監事	5	－	－	－	1	3	2	－
55～57	理事	11	－	－	1	－	8	3	－
	監事	7	－	－	－	2	5	2	－
58～60	理事	16	－	－	2	1	15	－	1
	監事	7	－	－	－	－	7	－	－
61～63	理事	16	－	－	2	1	14	－	2
	監事	7	－	－	－	－	7	－	－

二、林平賜任內

任期	理事監事	人數	公職職務				職　業		
			省議員	縣議員	市代表	里長	一般工商	公教	建築業
64～66	理事	15	－	2	3	－	14	－	1
	監事	10	－	－	1	－	9	－	1

三、邱明政任內

任期	理事監事	人數	公職職務				職　業		
			省議員	縣議員	市代表	里長	一般工商	公教	建築業
67～69	理事	17	－	1	4	－	11	－	6
	監事	6	－	1	－	－	5	－	1
70～72	理事	15	－	1	2	－	9	－	6
	監事	7	－	－	－	1	4	－	3
73～75	理事	15	－	1	2	－	7	－	8
	監事	8	－	1	－	1	6	－	2
76～78	理事	16	－	2	1	－	7	－	9
	監事	9	－	－	－	1	6	－	5
79～81	理事	15	－	1	1	－	6	－	9
	監事	8	－	1	1	－	8	－	3

四、劉炳輝任內

任期	理事監事	人數	公職職務				職　業		
			省議員	縣議員	市代表	里長	一般工商	公教	建築業
82～84	理事	15	－	1	－	－	6	－	9
	監事	5	－	1	1	1	3	－	2
85～	理事	15	－	－	1	－	4	－	11
	監事	5	－	－	－	－	2	－	3

資料來源：依據一、盛清沂、吳基瑞編纂，《板橋市志》；板橋市志（續編）編輯委員會編輯《板橋市志續編》。

二、中華綜合發展研究院應用史學研究所編纂，《永和市志》。

三、土城市志編纂委員會編輯，《土城市志》。

四、中華綜合發展研究院應用史學研究所編纂《中和市志》。

五、〈板橋信用合作社歷屆理監事名錄〉等整理。

2. 與業務區域地方政治的關聯

板橋市是板信的起基地，所以與板橋的關係一直很緊密。業務區域內政治人物參與板信的人數也較多，其他 3 個市因社業務發展較遲，故參與率相對減少許多。

（1）與板橋鎮（市）代表會：

板信創立時，部分鎮代表曾積極地參與籌設工作，並擔任理監事的職務，或選任為社員代表。其後參與的程度比率不一，在邱榮隆擔任鎮代表會主席時期是一個高峰，52 年他卸任後，鎮代表參與的程度就明顯降低（見表 5－1－13）。

邱榮隆退休後，第二任理事主席林平賜為公務員退休，邱明政、劉炳輝兩人就任時均無公職身分。因為繼任者都未親身參與公職競選，所以板信在地方選舉上，多保持長久的中立立場。由於理事主席秉持中立態度，擔任板信理、監事或社員代表者無法利用板信資源從事競選，故地方公職人員參與板信的興趣就下降了。

劉炳輝任內，基層金融改制的形勢濃厚，板信改制的意願強烈，對改制有期待的人紛紛參與板信的事務，這種現象引發排擠效應，使民意代表參與人數相對減少。

板信在邱榮隆卸除民意代表後，地方民意代表選任板信社員代表的意願一向偏低，在 75 年至 79 年間曾明顯增加，時值理事陳騰麒擔任市代表會主席職務，對市民代表參與選任板信社員代表具有鼓勵效應。

表 5－1－13：板橋市（鎮）歷屆市（鎮）民代表具板橋信用合作社選任人員、員工身分統計

市（鎮）代表會屆次		年　度	市（鎮）代表人數	具板信理監事人數	具板信社員代表人數	任職板信人數	比率 %
板橋鎮時期	5	44 年 6 月～47 年 5 月	28	4	3	－	25.00
	6	47 年 6 月～50 年 5 月	40	5	2	2	22.50
	7	50 年 6 月～53 年 5 月	20	2	2	1	25.00
	8	53 年 6 月～57 年 5 月	28	1	2	1	14.29
	9	57 年 6 月～61 年 7 月	28	2	1	1	14.29

市（鎮）代表會屆次		年　度	市（鎮）代表人數	具板信理監事人數	具板信社員代表人數	任職板信人數	比率%
板橋市時期	1	61 年 7 月～62 年 10 月	28	2	1	1	14.29
	2	62 年 11 月～67 年 7 月	23	4	2	－	26.09
	3	67 年 8 月～71 年 7 月	31	3	3	－	19.35
	4	71 年 8 月～75 年 7 月	31	1	5	－	19.35
	5	75 年 8 月～79 年 7 月	31	1	8	－	29.03
	6	79 年 8 月～83 年 7 月	31	1	4	－	16.13
	7	83 年 8 月～87 年 7 月	31	－	2	－	6.45

資料來源：依據板信文書股藏，〈社員代表名錄〉、〈理、監事名錄〉；盛清沂、吳基瑞編纂，《板橋市志》；板橋市志（續編）編輯委員會編輯，《板橋市志續編》整理

（2）永和市民代表會地關聯

　　永和與板橋中間隔著中和鄉，因距離遠故淵源較淺。民國 60 年初，板信概括承受永信，成立永和分社，才納入業務區域內，因為有營業單位設置，才開始有社、業務的發展。

　　永和市代表會代表，是板信業務區域內 4 個市中參與率最低的。前後只有吳益利、林榮助 2 位參與。61 年第一次選出永和區社員代表（第 8 屆）7 名，當時的永和建築業已經非常興盛，7 名中有 5 名從事建築業，僅吳益利具公職身分，他當時擔任永和鎮代表會副主席及第 9 屆時鎮代會主席。另一位，林榮助，曾歷任板信第 8 至 12 屆社員代表，第 11 屆時，當選永和市第 2 屆市代表，在第 12 屆社員代表任期內因故被除名，其後永和地區再無公職人員選任板信相關的職務（見表 5－1－14）。

表 5－1－14：永和市（鎮）歷屆市（鎮）代表具板橋信用合作社選任
　　　　　　人員身分統計

市（鎮）代表會屆次		年　　度	市（鎮）代表人數	擔任板信社員代表	比率 %
鎮	5	62 年 11 月～67 年 7 月	19	吳益利	5.26
	6	67 年 8 月～68 年 4 月	19	吳益利	5.26
市時期	1	68 年 4 月～71 年 5 月	19	－	－
	2	71 年 6 月～75 年 7 月	20	林榮助	5.00
	3	75 年 8 月～79 年 7 月	24	－	－
	4	79 年 8 月～83 年 7 月	25	－	－
	5	83 年 8 月～87 年 7 月	25	－	－

資料來源：依據板信文書股藏，〈社員代表名錄〉；及中華綜合發展研究院應用史學研
　　　　　究所編纂，《永和市志》整理。

（3）與中和市代表會的關聯

　　板信成立當時股金召募不易，僅板橋一地難以募足，社員招募對象乃旁
及中和、土城兩鄉，最遠到達樹林。所以中和、土城自板信創社起，一直有
社員代表產生，中和鄉名代表林宜火更參與籌備事宜，為創社監事之一。但
民國 50 年 5 月公職屆滿後，即未再續任。

　　之後，中和地區的社業務，要到民族分社設置後，才有進一步的發展。
民族分社設立初期的用意，是在吸收中和地區之社、業務。分社成立後，社
員迅速增加，67 年社員代表應選名額增為 18 名，其中 1、2 位具公職身分亦
不足為奇。林宜火、黃松竹、潘勝吉之居家，臨近板信分社，具有地緣關係。
呂禮旺家族經營建族業，永和分社成立後，即因辦理房屋貸款業務，與板信
有長期往來，參與板信理、監事會，在融資上自有方便處。〔註46〕

〔註46〕直接詢問呂禮旺本人。

表 5－1－15：中和市（鄉）歷屆市（鄉）代表具板橋信用合作社社員
　　　　　　　代表、理、監事身分統計

市（鎮）代表會屆次		年　　度	市（鄉）代表人數	擔任板信社員代表	擔任板信理監事	比率 %
鄉時期	5	44 年 6 月～47 年 5 月	30	－	林宜火	3.33
	6	47 年 6 月～50 年 5 月	22	－	林宜火	4.56
	11	67 年 8 月～67 年 12 月	19	黃松竹	－	5.26
市時期	1	68 年 1 月～71 年 7 月	19	黃松竹	－	5.26
	2	71 年 8 月～75 年 7 月	26	黃松竹	－	3.85
	3	75 年 8 月～79 年 7 月	29	黃松竹、潘勝吉	呂禮旺	10.34
	4	79 年 8 月～83 年 7 月	31	潘勝吉	呂禮旺	6.45
	5	83 年 8 月～87 年 7 月	31	潘勝吉	呂禮旺	6.45

資料來源：依據板信文書股藏，〈社員代表名錄〉；及中華綜合發展研究院應用史學研
　　　　　究所編纂，《中和市志》整理。

（4）與土城市代表會的關聯

　　土城市 82 年改制為縣轄市，土城自板信創立時就有社員參與。因財政部嚴格控管各社業務區域，土城的業務區域便被限制住，難以突破。經板信一再爭取全鄉納入，主關機關均未表同意，即便土城改制為市，財政部仍不予核准。直到 85 年 6 月，板信改制前，方同意將土城全市劃入板信的業務區域。〔註 47〕

　　土城是板信業務區域內，唯一未鄰台北市的鄉鎮，發展較為遲緩，又無營業單位，所以在板信社、業務的比重中一向偏低。土城因為社員人數少，社員代表人數也少，公職人員參與板信的機會相對的減少。在板信存續期間裡，只有 2 位曾任板信社員代表職務，其中朱進展之配偶盧美珍，曾任板信32 至 35 屆監事，是介入板信較深的一位（見表 5－1－16）。

─────────────

〔註 47〕00－85－86－100－6，〈板橋信用合作社 85 年度 6 月份第 1 次理事會，報告
　　　　事項第 12 項〉（1996 年 6 月 19 日）。

表 5－1－16：土城市（鄉）歷屆市（鄉）代表具板橋信用合作社選任
人員身分統計

市（鄉）代表會屆次		年　度	市（鄉）代表人數	擔任板信社員代表	比率 %
鄉時期	11	67 年 8 月～71 年 7 月	11	褚東昇	9.09
	12	71 年 8 月～75 年 7 月	13	褚東昇	7.69
	13	75 年 8 月～79 年 7 月	16	朱進展	6.25
	14	79 年 8 月～82 年 5 月	19	朱進展	5.26
市	1	82 年 6 月～	12	─	─

資料來源：依據板信文書股藏，〈社員代表名錄〉；及土城市志編纂委員會，《土城市志》整理。

（5）與台北縣議員的關聯

在板信 40 年的存續期間，共有 7 位理、監事，1 位社員代表，在擔任板信社內職務任內，同時具有台北縣議員的職務，（如表 5－1－17）。這 8 位在板信的組織內都有長期資歷，也都是世居板橋的地方人士。

邱海水是創社理事之一，共擔任 12 屆理事，前後 36 年，是邱榮隆親胞兄弟，2 人是邱家在地方事務上的重要成員，與板信的淵源最深。

其餘 7 人中，劉炳信則為劉家 3 房的代表，是劉家參與板信及地方政治的重要成員之一。另 6 位均為世居板橋市人士，為板橋市不同時間的地方代表人物，與板信都有相當之業務往來，其參與板信社內職務之目的在取得「好名氣」。〔註48〕

8 位縣議員中，除賴金波外，另 7 位皆有從事建築事業，從這一現象，也可知板信與建築事業有很深的關係。

─────────────

〔註48〕參見邱明政訪談紀錄。

表5－1－17：板橋信用合作社理監事擔任縣議員經歷

就任順序	姓　名	板信的資歷	民意代表經歷	備註
1	邱海水	理事：1～12屆	縣議員：3、4屆	建築業 米商
2	林延湯	社員代表：5、7屆 理事：5、6、7屆	鎮代表：5、7、8屆 縣議員：7、8、9屆	建築業 營建業
3	廖聰海	監事：17、18、19、21、26屆 監事主席：20、22～25屆 理事：12屆	縣議員：9、10屆	建築業 雜貨商
4	廖金順	社員代表：8、9 理事：8、9屆	鎮代表：6～8屆 縣議員：8、9屆	建築業 建材業
5	郭祐福	理事：8～11屆	市代表：3屆 縣議員：10、11屆	建築業
6	徐秀廷	監事：28、29屆 理事：11、13屆	縣議員：10～13屆	建築業
7	賴金波	社員代表：10、11屆 監事：29～33屆 監事主席：35、36、37（3年）屆	新興里長：3～5屆 縣議員：12、13屆	飲食業
8	劉炳信	社員代表7～13屆	縣議員：11屆	建築業

資料來源：一、依據板信歷屆〈理監事名錄〉，及《板橋市志》、《板橋市志續編》整理。

二、板信（一）、理事每屆任期3年；（二）、監事第1至36屆每屆1年，37屆起3年；（三）、社員代表第1至6屆每屆2年，第7至16屆3年。

第二節　對地方的回饋

　　信用合作社除了資金貸放給所在地社員為主外，另一項與一般銀行最大不同的處，為盈餘的分配。信合社每年的盈餘，除了依規定分發股息、提撥公積金以外，必須以發放股息後盈餘的5%作公益金，作為業務區域內合作教育及其他公益事業之用，剩餘金額再按社員交易額多寡，按比率分配交易分配金。〔註49〕這些都是信用合作社對地方、社員最實質的回饋。

〔註49〕台北市政府財政局編印，〈信用合作社章程準則〉，《合作金融法令彙編》，頁80。

一、板信的公益金

板信的公益金依法提列，但創立後，初期年度盈餘有限，公益金金額不多，作用不大。71 年以後，盈餘大幅增加，公益金對地方的回饋，才有顯現的成果。

（一）對地方政府機關的捐獻

板信創立受到台北縣政府，及板橋鎮公所的支持與協助，與這兩個政府機關一直保持良好的聯繫。民國 60 年擴大業務區域後，與這三個市的公所也有很好的互動。

板信創辦人邱榮隆服膺「取之於地方，用之於地方」的理念，創立第 3 年，即捐贈板橋鎮公所，在台北縣政府前公園興建「合作停」，供民眾休憩，總經費 75,000 元，超過當年全年盈餘。〔註50〕其後，仍不定期配合地方各項建設、救災或活動，陸續捐贈。

這些捐贈中金額最高，以民國 81 年，應板橋市公所要求，為慶祝板橋市改制 20 周年慶，特請國內知名藝術家楊英風設計，塑立「文化市標」藝術景觀，捐贈板橋市公所，經費預算高達 500 萬元。再次，76 年，台北縣第一次舉辦全國性的「台灣區運動會」，捐贈台北縣政府，於大會地點，塑立「青雲直上」藝術景觀，經費預算 225 萬元。可惜這兩座景觀塑相，均因受到颱風連續吹襲破壞，無法修復而移除。

除了所在地的地方政府外，對其他縣市發生的重大災難，板信的捐贈也不遺餘力，如 75 年「韋恩颱風」救災捐獻，共捐 140 萬元，獲前省主席邱創煥頒「善德永彰」匾額嘉獎。另外，其他捐獻亦有十餘件（見表 5－2－1）。

表 5－2－1：板橋信用合作社對地方政府之各項捐獻　　單位：元

日期	受贈單位	捐獻項目	金額	備註
48 年 5 月 9 日	板橋鎮公所	縣府前公園「合作亭」	75,000	
63／9／6	板橋鎮公所	介壽公園音樂台	695,000	
63／12／26	板橋鎮公所	音樂台平頂	86,000	
64 年	永和鎮公所	新社三角公園美化	990,000	
64 年	板橋市公所	板橋市中正路「板信公園」	440,222	

〔註50〕板信編，〈板橋鎮信用合作社 49 年度社員代表會議案・業務報告〉（1960 年）頁 16。「板信 48 年全年盈餘數 60,040 元」。

日期	受贈單位	捐獻項目	金額	備註
73／6／26	台北縣政府	海山煤礦罹難家屬	300,000	
75／9／24	台灣省政府	韋恩颱風賑災	800,000	省主席頒「善德永彰」匾
75／9／24	雲林縣政府	韋恩颱風賑災	300,00	
75／9／24	澎湖縣政府	韋恩颱風賑災	300,00	
75／11／26	中和市公所	中和市華陽市場崩塌災戶	100,000	
76／5／8	台北縣政府	台縣文化基金	200,000	縣長林豐正頒獎「宏揚文化」匾
76／5／8	板橋市公所	台縣文化基金	20,000	
76／5／8	76／5／8	台縣文化基金	20,000	
76／8／20	台北縣政府	台北縣區運會場「青雲直上」雕塑藝術景觀乙座	2,250,000	輔大羅慧明先生設計
76／8／20	板橋市公所	台縣文化基金	760,000	
76／11／9	瑞芳鎮公所	琳恩颱風賑災	300,000	
77／1／27	板橋市公所	板信公園水泥座椅	80,000	以廣告費支出
77／12／12	中和市公所	中和市海山公園涼亭乙座	946,352	
77／12／12	中和市公所	中和市海山公園涼亭其他設備	274,500	
81／4／13	永和市公所	仁愛公園二期工程款	1,750,000	
81／4／13	板橋市公所	板橋市文化市標（藝術家楊英風設計）	5,000,000	預算金額
86／7／28	台北縣政府	新板橋車站青少年飆舞晚會	200,000	

資料來源：依據板信46年度至86年度歷年〈社務會紀錄〉；歷年〈理事會紀錄〉整理。

（二）勞軍捐獻

　　國內各界的勞軍活動，大都是由「軍人之友社」安排服務的，板信的勞軍行程，亦透過該社的來文捐贈佳節慰勞金。板信社業務年年成長，年度盈餘亦逐年遞增，到了74年以後，每年盈餘已經超過7千萬元以上，每年的捐贈預算編列提高在200萬以上，公益金提撥也在300萬元以上，經費相對增加；當時金門、馬祖屬於戰地管制區，一般平民不能隨便進入，對這項「愛國」的行為自然熱心參與。

板信參加外島勞軍共 3 次，金門 2 次，東沙 1 次，台北縣內勞軍則前後 7
次，連續 6 年時間，總經費 440 萬元。這股勞軍風潮在 75 年至 78 年間非常
盛行，79 年起才逐漸減少，81 年後則完全停止（見表 5－2－2）。

表 5－2－2：板橋信用合作社重要節日之勞軍活動　　　　　單位：元

日　　期	慰勞單位	捐贈項目	金　　額
75 年 1 月 15 日	台北縣勞軍	春節勞軍	200,000
75／3／3	金門節勞軍	端午勞軍	1,300,000
75／12／29	台北縣勞軍	76 年春節勞軍	250,000
76／11／19	東沙島勞軍	春節勞軍	500,000
77／4／28	台北縣勞軍	加菜金	200,000
77／8／10	台北縣勞軍	加菜金	350,000
78／4／26	台北縣勞軍	端午節勞軍	200,000
78／7／27	金門勞軍	中秋節勞軍	1,000,000
79／4／30	台北縣勞軍	端午節勞軍	200,000
80／4／24	台北縣勞軍	端午節勞軍	200,000

資料來源：依據板信 46 年度至 86 年度歷年〈社務會紀錄〉；歷年〈理事會紀錄〉整理。

（三）對治安、消防機關的捐贈

　　對台北縣內治安及消防機關的捐贈，板信也是全力配合，尤其由民眾自
組的義勇消防隊。民國 61 年，在年度經費不是很充足的情況下，為提高公眾
的安全，即慨捐板橋義勇消防隊，購置大型消防車的經費款項 10 萬元，這個
金額超過當年稅後盈餘五分之一。〔註 51〕

　　其後，在年度預算、盈餘增加的情形下，對地方「義消」添購消防設備
的捐款，則盡力加以配合。74 年捐助台北縣「消防基金」60 萬元，獲內政部
頒獎表揚。81 年，捐贈板橋義勇消防中隊，增購消防設備經費 225 萬元。82
年捐贈板橋義勇消防分隊，購置消防器材經費 75 萬元。85 年捐助台北縣海山
義勇消防隊民生分隊 90 萬元等，這些是較大筆捐贈款項，其他警察、義消單
位亦有十數筆 5 萬、10 萬、20 萬元等捐款（見表 5－2－3）。

〔註 51〕板信編，〈板橋信用合作社 61 年度業務報告〉（1972 年），頁 22。「61 年稅後
　　　　盈餘：449,057 元」。

表5－2－3：板橋信用合作社對治安、消防機關的各項捐贈　單位：元

日　期	受贈單位	捐贈項目	金額	備　註
61年7月21日	板橋後埔義警分隊	經費	10,000	
61年10月9日	板橋義勇消防隊	捐助購置大型消防車款	100,000	
73年6月8日	台北縣警察局	警備汽車乙輛	－	縣長林豐正頒「熱心公益」匾
73年12月26日	台北縣警察局	警察基金	100,000	獲內政部頒獎
74年5月17日	台北縣消防隊	消防設施基金	600,000	獲內政部頒獎
75年10月13日	板橋義勇消防隊	隊部維修費	85,000	韋恩颱風損害
77年7月20日	台北縣義勇消防隊板橋分隊	消防設備	50,000	
77年12月29日	台北縣義勇消防隊板橋分隊	消防設備	150,000	
81年5月7日	板橋市義勇消防中隊	消防設備	2,550,000	
81年12月10日	永和義勇消防中隊	照明設備、防煙設備等	100,000	
82年8月23日	板橋後埔派出所	員警宿舍設備	100,000	
82年8月23日	板橋後埔派出所	員警宿舍設備	100,000	
82年8月23日	板橋義勇消防分隊	消防器材	750,000	
82年11月25日	台北縣海山分局	員警休閒活動視聽設備	200,000	
82年12月23日	板橋警察分局	整修辦公廳舍	100,000	
82年12月23日	板橋後埔派出所	員警休閒中心冷氣機、康樂器材等	100,000	
82年12月23日	中和警察分局	公文櫃等設備	200,000	
85年5月29日	海山義勇消防隊民生分隊	9人座支援車	800,000	

資料來源：依據板信46年度至86年度歷年〈社務會紀錄〉；歷年〈理事會紀錄〉整理。

（四）對各級學校的捐贈

板信依法提列的公益金，初期金額少，民國 61 年時，提列金額只有 13,500 元，66 年度以後，提列金額才超過 10 萬元，公益金的使用，僅能量力而為。其後，隨著盈餘增加也逐年遞增，到了 71 年，已增加至 1,110,000 元；81 年為 8,575,000 元。板信的公益金提列，每隔 10 年，金額增加的差距，就相當懸殊。所以民國 71 年時，公益金累積相當金額，板信對地方公益事業才得以大力推行。

對地方教育事業，板信即十分重視，除了合作教育、社員子女獎學金外，75 年起公益金提列大幅增加後，板信立即接受地方上各級學校申請，捐贈教學需要的軟硬體設備，在改制為商銀前，前後捐贈近千萬元（見表 5－2－4）。

表 5－2－4：板橋信用合作社 75 年至 86 年對各級學校捐贈統計

金額單位：元

年度	受贈學校	全年金額	備　註
75	板橋市文聖國小、板橋國小	920,000	
76	板橋市海山國中、文德國小，永和市永和國中	550,000	
77	板橋市新埔國小、國中等 11 校，永和市永和國中，土城廣福國小	1,738,000	
78	板橋市板橋國小	32,000	
81	板橋市中山國小等 8 校、板橋國中''土城市樂利國小	2,000,000	
82	板橋市信義國小等 7 校、江翠國中等 2 校`土城市土城國小	1,900,000	
85	開南管理學院、私立光華高職補校	2,300,000	開南 200 萬元
86	板橋海山國小	220,000	

資料來源：一、依據板信 46 年度至 86 年度歷年〈社務會紀錄〉；歷年〈理事會紀錄〉整理。

二、各校捐贈明細如表 6〜30。

（五）捐贈其他公益事業

板信對其他公益事業的捐贈，也是在 75 年以後，有了更進一步的作為。這部分捐贈的對象，以板信業務區域內之社區、里辦公室等為主，作為增設活動中心設備用途的經費最多，其中以捐贈財團法人華新文教基金會的金額 200 萬元最大筆（見表 5－2－5）。

表 5－2－5：板橋信用合作社歷年對其他公益事業捐贈統計　單位：元

年度	受贈單位	金　額	備　註
48	87 水災受災戶	1,000	理監事 30 元，員工 2 日所得
72	中和市秀山社區	～	興建鐘塔，無金額資料
75	中國合作事業協會會長谷正綱民政服務站	144,000	
77	板橋市國泰鶴齡交誼中心等 7 單位	1,361,200	
78	台北縣婦女節籌備會、退休警察人員協會、板橋市社區衛生促進委員會	200,000	
79	板橋市聚安宮鶴齡交誼中心	100,000	
80	救國團台北縣團務指導委員會、中國紅十字會、台北縣家扶中心	450,000	
81	救國團台北縣團務指導委員會等 10 單位	1,150,000	
82	板橋光復里辦公室、板橋接雲寺等 19 單位	3,540,000	接雲寺 100 萬元
84	板橋市瓦斯爆炸案受災戶	1,320,000	全毀 54 戶每戶 2 萬元，半毀 24 戶每戶 1 萬元
85	財團法人華新文教基金會	2,000,000	

資料來源：依據板信 46 年度至 86 年度歷年〈社務會紀錄〉；歷年〈理事會紀錄〉整理。

二、經常性活動

除了上述三項社員例行福利活動外，板信也有一些非針對社員的例行多年的活動，這幾項活動也常受到各界注意或期盼。

（一）清寒救濟

板信將社員福利擴及到社會，根據地方政府資料，篩選確實需要救濟之清寒家庭，按家口人數分級，在農曆年關前分送白米支助其歡渡春節。從 58 年起實施，第一年預算 15,000 元，[註52] 其後，根據每年經濟狀況，逐年提高救濟物資的價值及家庭數。82 年為符合社會之實際情形，改以發放現金，85 年度總分發金額為 1,702,000 元，（見表 5－2－6）。

[註52] 板信編，〈板橋鎮信用合作社 57 年度社員代表大會議案‧57 年度事業計劃書〉（1968 年），頁 34。

（二）社員健行大會

這項活動的目的在增進社員、客戶與板信之間的親睦關係。58 年起編列預算，以紀念國父誕辰為由，舉辦社員、顧客健行、摸彩活動，最初目的地為中和圓通寺。〔註 53〕這項活動既可健身，又有摸彩獎品可拿，且幾乎人人有獎，所以反應熱烈。隨著板信社員、客戶增加，編列的預算也逐年提高，摸彩獎品的價值及數量亦逐次豐富，參與活動人數就一年比一年增多，70 年以後，每次人數多超過萬人以上。這項活動在改制商銀後，則改換其他形式與客戶互動。

（三）「板信杯」各項比賽及週年園遊會

「板信杯」各項比賽，參加的對象，除了社員、顧客外，階層涵蓋板信業務區域內的學校及公私立機關，是一項很好的對外宣傳活動。民國 62 年為了開業週年慶祝，第一次舉辦，項目分：才藝項目，有學童圖畫、書法等項；球類比賽有籃球、網球、桌球等。〔註 54〕其後，應各界要求，不斷加入新的比賽項目及參加比賽的層級。才藝項目，增加國中組；珠算比賽，更增加社會組。場面一年比一年擴大，所需經費也逐年提高。〔註 55〕

81 年，適逢板信 35 週年慶，除了擴大慶祝活動外，另外於 10 月份舉行園遊會。板信杯各項比賽，已行之多年，園遊會方式的活動，讓人頗感新意。82 年，理事會遂應要求續辦園遊會，取代板信杯各項比賽。

（四）重陽敬老

重陽敬老是編列於 64 年年度事業計畫表內，提社員代表大會通過的計畫。利用重陽節前，由板信派遣幹部拜訪 70 歲以上社員，致贈紀念品，表達關懷與敬意。〔註 56〕這項活動的預算與敬老人數，亦年年增加。85 年時經費增加到 165 萬元，敬老人數近 3,300 人。〔註 57〕

〔註 53〕板信編，〈板橋鎮信用合作社 58 年度社員代表大會議案・58 年度事業計劃書〉（1969 年），頁 28。

〔註 54〕板信編，〈板橋信用合作社 62 年度社員代表大會議案・重要紀事〉（1973 年），頁 5。

〔註 55〕板信編，〈板橋信用合作社 63 年度社員代表大會議案・社業務概況報告〉（1974 年），頁 6。

〔註 56〕板信編，〈板橋信用合作社 63 年度業務報告〉（1974 年），頁 44。附：「64 年度事業計畫書及營業收支概算書」。

〔註 57〕00－85－86－100－6，〈板橋信用合作社 85 年度 8 月份第 2 次理事會記錄・

　　板信的公益活動，均爲信用合作社所特有的，而有別於一般銀行之處。
這些公益事業，在台灣地區的其他信用合作社，亦有許多同業比照辦理，但
能像板信如此長時間堅持開辦者也是爲數不多的。上述這些公益活動，都在
改制商銀後停辦，或縮小規模。〔註58〕

表 5－2－6：板橋信用合作社每年舉辦之例行活動

順序	活動項目	舉行時間	經費（元）	備註
1	清寒救濟	春節前	（85年經費）1,702,000	58年開始辦理初發白米，82年起改發現金
2	社員健行大會	國父誕辰前後	（86年經費）1,500,000	58年開始，慶祝合作節
3	「板信杯」各項比賽	7月份前	（79年編列經費）500,000	62年開始至80年，81年改遊園會
4	重陽節敬老	9月份之前	（85年經費）1,650,000	64年開始
5	週年園遊會	9月份前後	（86年經費）2,500,000	81年開始

資料來源：依據板信58年至85年歷年〈理事會記錄〉整理。

討論事項第 2 案〉（1996 年 8 月 26 日）。
〔註58〕00－85－86－100－6，〈板橋信用合作社 86 年度 9 月份第 1 次理事會記錄‧
　　　報告事項第 2 案〉（1997 年 9 月 2 日）。

第六章　改制與合併高雄五信

　　台灣的信用合作社因為法令的限制，長期影響各社發展。隨著國內經濟成長、社會繁榮，全台同業為求發展，無不企思突破，不斷向政府提出業界的訴求與建議。並經由國內學者、信聯社〔註1〕及基層金融研訓中心等發表研究報告，建請政府參考採行。

　　信用合作社的訴求，可歸納出 10 個問題，其中較重要的在：增加營業項目、擴大業務區域、增加分社申請、中小企業入社問題、單獨立法及理監事選舉等。政府方面亦回應業界訴請，由行政院研考會議、經委會〔註2〕委託學者做專案研究，亦以信用合作社單獨立法為宜。〔註3〕民國 80 年，政府開放新銀行設立，侵蝕了信用合作社生存的根基，業界改革呼聲日高。政府終在82 年立法通過「信用合作社法」，一次滿足信用合作社多年的請求，並預留改制銀行的條款。

　　84 年底，財政部公布信用合作社改制銀行的標準，板信被大眾視為改制的優先對象。板信對改制商銀的意向也很高昂，早在邱明政時期已提出改制為「國民銀行」的期許，劉炳輝則提出「區域銀行」的願景。但改制辦法公布後，板信社、業務結構，合乎全部改制條件，因為有兩個問題必須處理，故板信並未立即申請。

　　85 年初正值理、監事會改選，選後劉炳輝續任理事主席，才正式著手改制的規劃及作業。另外在改制上，板信尚有一個很大的顧慮，就是股權分散，

〔註1〕中華民國信用合作社聯合社簡稱。
〔註2〕行政院研究發展考核委員會簡稱研考會；經濟革新委員會簡稱經委會。
〔註3〕中華民國信用合作社聯合社編印，《台灣地區信用合作發展史》，頁 285～287。

全社沒有一位持股可以主控經營權的股東。劉炳輝乃透過增資案，來加強板信理、監事、社員代表、員工等人員的持股比率，達到改制後，仍能由原有板信相關人士掌控經營權的目的。

合併高雄五信，並未列入板信改制計畫中。86年初，板信申請改制計畫，適逢高雄五信及十信因人謀不臧，經營不良，發生嚴重擠兌事件，經主管機關介入，風波才告平息。由於虧損嚴重，難以重整。主管機關決定為這2家信合社尋求合併的對象，以跨區高雄為條件，建議板信選擇一家併購。

板信當時有約80億淨資產，受指示後，選擇較有淵源的高雄五信，作為初期評估的對象。經數次實地調查評估，因風險難以確實估算，且金額龐大，理事會未同意「合併案」。案經財政部親派部員至板信溝通，並提出可行方案，解除了理、事監會的疑慮，「合併案」才獲得通過。

整個改制與合併案，板信付出約30億元的代價，且事後亦風波不斷，導致日後經營受到影響，讓板信部分理監事，對財政部合併後的措施頗有微詞。

第一節　改制的法源與主管機關的立場

台灣的金融業，至84年底，共有一般銀行34家，中小企業銀行8家，信託投資公司5家，信用合作社73家，農會信用部285家，漁會信用部27家。另有郵政儲金匯業局的分局，廣布各角落，及38家外國銀行在台設立的分行。形成台灣今日的金融版圖。〔註4〕

我國「銀行法」在民國84年重新修訂，銀行種類分為商業銀行、儲蓄銀行、專業銀行、信託投資公司等4種，各具功能。〔註5〕但近年來的發展，商業銀行實質上已具有綜合性銀行的功能，專業銀行的情形亦相仿彿。信託投資公司，近年來也紛紛改制為商業銀行。同樣地，基層金融的中小企業銀行改制後，也以商業銀行的業務為主體。事實上，各國銀行已經有逐漸朝向綜合化經營的趨勢。〔註6〕

信用合作社方面，82年底「信用合作社法」頒布以後，解決法令限制的大部分爭議。依新法的規定，除外匯及信託業務外，其餘業務項目幾與商業

〔註4〕賴英照著，《台灣金融版圖之回顧與前瞻》（台北市，聯經出版事業公司，1997年），頁1。

〔註5〕台灣省合作事業協會編印，〈銀行法‧第20條〉，《和作法令輯要彙編》，頁62。

〔註6〕賴英照著，《台灣金融版圖之回顧與前瞻》，頁103～107。

銀行幾近相似。此外，准許信用合作社誇區經營，並允許中小企業加入爲準社員，更加強了信用合作社的經營空間。因此，信用合作社亦逐漸脫離地區基層金融機構的範疇，而傾向商業銀行經營的趨勢。〔註7〕

一、信用合作社經營的問題

信用作社法的實施，但施行時間短，對信用合作社的影響反不如舊法令來的既久且深。在改制前全台同業所遇到的問題：

（一）限制與保護下的問題

1. 信用合作社的業務項目，與商業銀行營業種類相比，實在無法與其競爭。信用合作社業務只有存、放款、代理業務三項。存款對象爲社員，即使經核准後可吸收非社員存款，但在額度上也受到嚴格的限制。放款不能貸給非社員及一般企業；不能辦理外匯；各社的業務區域，被限制在一個市或鎮的行政範圍內，不能跨區經營，分社被限定在一定家數之內。種種的限制，讓信合社的經營始終很難有突破性的格局。〔註8〕

2. 政府對信用合作社除了有管制措施外，也明文的給予保護，其中關係最密切的是給於免營業稅的優惠，國內銀行的營業稅率是5％，等於政府補貼5％的利潤給基層金融，這是相當優惠的保護條款；第二項優惠是剩餘資金轉存合庫的規定，這項規定對基層金融資金的運用有很大的保障，轉存款沒有風險，且不必繳交存款準備金。讓信用合作社在吸收存款業務時，可免於負擔低度利用資金「爛頭寸」的成本。〔註9〕

信用合作社就是在政府這種既「限制」又「保護」的政策下，讓信合社的經營績效低於銀行許多。從民國75年到84年的10年間，全體信用合作社的資產報酬率，平均只有0.71％；淨值報酬率，平均爲16.37％，表現不如一般銀行，板信則各有優劣（見表6－1－1）。如果去除政府減免營業稅及轉存款的優惠政策，信用合作社的獲利能力將更加大幅降低。〔註10〕

（二）雖然有政府的優惠措施，基層金融的經營，仍然存在著許多不穩定的因素。信用合作社的功能，是在銀行尚未普及於鄉鎮地區之時，以社員

〔註7〕賴英照著，《台灣金融版圖之回顧與前瞻》，頁108～110。
〔註8〕賴英照著，《台灣金融版圖之回顧與前瞻》，頁116、117。
〔註9〕黃淑基主編，《銀行與基層金融》（台北市，生智文化事業有限公司，1997年），頁74、75。
〔註10〕賴英照著，《台灣金融版圖之回顧與前瞻》，頁88、89。

互助的方式組織起來的。它深入民間，提供金融服務，彌補商業銀行的不足。政府開放新銀行設立後，同時放寬銀行分行申設的條件，所以國內的新、舊銀行，每年以近 300 家分行速度大肆擴張，〔註 11〕分行到處林立，深入台灣每一個繁榮的地區，很快的填補了台灣金融空檔，並侵蝕了信用合作社原有的客源，讓信用合作社倍感競爭的壓力，尤其都市型信用合作社。〔註 12〕

表 6－1－1：民國 75 年至 84 年信用合作社暨國內銀行營運一覽表

金額單位：新台幣億元

年度	信用合作社			一般銀行			板　信		
	盈虧金額	淨值報酬率%	資產報酬率%	盈虧金額	淨值報酬率%	資產報酬率%	盈虧金額	淨值報酬率%	資產報酬率%
75	20	12.68	0.56	199	16.80	0.50	1.68	23.46	2.18
76	23	12.99	0.51	220	16.91	0.46	1.07	11.76	0.56
77	28	14.13	0.49	402	22.63	0.74	1.23	12.67	0.55
78	63	21.14	0.82	470	20.76	0.73	2.73	9.18	2.94
79	88	22.34	1.00	842	29，29	1.20	4.73	13.91	1.46
80	89	18.64	0.84	756	21.61	0.90	5.27	15.85	1.38
81	92	16.26	0.71	712	12.70	0.71	5.37	15.06	1.26
82	108	15.74	0.68	928	14.50	0.80	6.50	18.04	2.00
83	132	15.77	0.75	1,083	14.14	0.81	7.08	16.15	1.14
84	131	14.05	0.74	1,038	12.60	0.71	7.23	16.28	1.68
平均	－	16.37	0.71	－	18.19	0.83	－	15.24	1.52

資料來源：一、依據中央銀行金融業務檢查處編，《金融機構業務概況年報》（1986～
1995 年）整理。

二、淨值報酬率＝稅前淨利÷金融機構淨值；資產報酬率＝稅前淨利÷金
融機構資產。

（三）民國 84 年下半年，至 85 年 9 月，可說是基層金融機構的多事之秋，這一年多的時間，發生擠兌事件的基層單位就有 37 家，其中信用合作社

〔註 11〕台灣省合作事業協會編印，《和作法令及要彙編（85 年版）》，頁 139～143。5
×（舊行庫 34 家＋企銀 8 家＋新銀行 16 家）＋2×信託公司 5 家＝300（分
行）。
〔註 12〕賴英照著，《台灣金融版圖之回顧與前瞻》，頁 116。

占了 10 家（如表 6－1－2）。事件除了讓信用合作社存款顯著流失外，也影響了日後的發展。探究這些事故事發生的原因，有部分是由於人為弊端，有些則純屬謠言。這種一人被收押或一時之謠言就產生擠兌事件，正反映金融機構的體質問題，並暴露以「人合」結構的金融機構的弱點，學者認為這些都是制度面的問題，要改善問題必須從制度面去解決。〔註 13〕

表 6－1－2：民國 84 年 7 月至 85 年 9 月信用合作社異常提領一覽表

金額單位：百萬元

順序	日　　期	名　　稱	提領金額	結　　果
1	84 年 7 月 29 日	彰化四信	8,010	84 年 8 月 4 由合作金庫概括承受
2	84 年 7 月 31 日	彰化縣員林信用	4,370	84 年 8 月 4 日平息
3	84 年 8 月 2 日	彰化一信	3,286	84 年 8 月 4 日平息
4	84 年 8 月 2 日	彰化二信	2,201	84 年 8 月 4 日平息
5	84 年 8 月 2 日	彰化五信	1,971	84 年 8 月 4 日平息
6	84 年 8 月 2 日	彰化六信	6,142	84 年 8 月 4 日平息
7	84 年 8 月 3 日	彰化十信	2,884	84 年 8 月 4 日平息
8	84 年 8 月 3 日	彰化縣鹿港信用	1,305	84 年 8 月 4 日平息
9	85 年 8 月 6 日	台中八信	2,997	85 年 8 月 8 日平息
10	85 年 9 月 12 日	新竹二信	3,490	86 年 1 月 5 日由誠泰銀行合併

資料來源：賴英照著，《台灣金融版圖之回顧與前瞻》，頁 96～98 整理。

二、信用合作社的期盼

　　賴英照〔註 14〕認為信用合作社的經營困境及不良事端發生之原因，除了人為因素外，最基本的問題在信用合作社制度面的問題。（一）信用合作社的功能：近年來商業銀行分行林立，已取代信用合作社的功能，尤其都會型的信用合作社，倍受壓力。（二）業務種類限制。（三）放款對象限制。（四）業務區域限制。（五）非社員存款問題（六）存款轉存及調度問題。（七）金融檢查問題等。這幾個問題始終是被討論的課題。〔註 15〕

〔註 13〕賴英照著，《台灣金融版圖之回顧與前瞻》，頁 90。
〔註 14〕賴英照前司法部長，1997 年任台灣省副省長職務。
〔註 15〕賴英照著，《台灣金融版圖之回顧與前瞻》，頁 116～119。

　　信用合作社的困境及事端，最早在民國 55 年、56 年已經有「台北八信」、「台北十五信」之倒閉事件。〔註 16〕59 年，有「台北六信」〔註 17〕、「永和信用」；61 年，有「台北十六信」。〔註 18〕至 72 年 2 月，連當時業務規模最大的「台北十信」都發生弊案，存戶擠兌，終至難以收拾，由合作金庫概括承受。〔註 19〕每次的事端發生，都嚴重影響到國內信用合作社的信譽與業務。「台北十信」案後，經政府大力輔導及各地信用合作社之努力，國內各信用合作的社業務才趨於穩定，並持續成長。同時各社亦開始檢討信用合作社經營上的實際問題與困境，經由中華民國信用合作社聯合社提出全體信合社的訴求及期盼。

（一）專業立法問題

　　「信用合作社法」頒布以前，管理信用合作社的法令，主要是「合作社法」及「施行細則」、「銀行法」、「信用合作社管理辦法」等，法令龐雜。「合作社法」最後一次修法在民國 39 年，已逾 45 年，〔註 20〕規範的對象為全部的合作社。本質上屬於金融機構的信用合作社，「合作社法」對其業務的管理，並無適當的法條規定，須借助於「銀行法」來管轄。43 年，行政院再頒「信用合作社管理辦法」，主管機關為財政部，而「合作社法」，主管機關為內政部，形成兩部共治。所以信用合作社長期主張管理信用合作社的法律，應單獨、專業立法，以符合實際需求。〔註 21〕

（二）角色定位問題

　　我國「銀行法」將銀行分為 4 大類，即商業銀行、儲蓄銀行、專業銀行、信託投資公司等，每一種性質之銀行，各有其功能。台灣地區的信用合作社，絕大多數均社置於院轄市、省轄市或縣治所在地，及少數設於鎮級之行政地區，在鄉村的行政區域內是不得設置的，所以信用合作社是屬於都市型態的

〔註 16〕保證責任台北市第十信用合作社慶祝創社七十周年籌備委員會編輯，〈蔡萬春序〉，《保證責任台北市第十信用合作社七十年誌》。

〔註 17〕保證責任台北市第十信用合作社慶祝創社七十周年籌備委員會編輯，《保證責任台北市第十信用合作社七十年誌》，頁 10。

〔註 18〕保證責任台北市第十信用合作社慶祝創社七十周年籌備委員會編輯，《保證責任台北市第十信用合作社七十年誌》，頁 10。

〔註 19〕劉宗政、陳智雄、吳碧珠總編輯，《台灣省合作金庫五十年誌》（台北市，台灣省合作金庫，1996 年），頁 424～426。

〔註 20〕台北市政府財政局編印，《合作金融法令彙編》，頁 1。

〔註 21〕中華民國信用合作社聯合社編印，《台灣地區信用合作發展史》，頁 285～288。

金融機構。依據「台中三信」76 年統計，該社放款用途之比率，以工商業占最多數。另據中興大學合作經濟系調查，信用合作社融資對象仍以工商業用途為爲大宗，故信用合作社應屬於商業銀行性質之金融機構。〔註22〕

（三）中小企業入社問題

台灣地區的信用合作社，放款對象受限，存放比率低，均有資金低度利用，導致資金閒置，無法有效運用的問題。但許多中小企業組織，因規模小，組織不盡完善，很難獲得銀行的資金運用。根據調查統計，一般中小企業的融資來自銀行的貸款，僅約 40%左右，其餘大多數來自私人或地下錢莊，倍受高利剝削之苦。〔註23〕且許多經營中小企業之社員，常以個人身分向信用合作社貸款，供自營公司所需的資金，產生的利息費用只能由業主自行吸收。如能立法讓中小企業得以入社為信用合作社之社員，經由正常管道獲取所需資金，則對中小企業及信用合作社乃為兩利之舉。

（四）增設新社及分行問題

1. 民國53 年，行政院明定「農會信用部與信用合作社業務劃分原則」規定信用合作社在鄉鎮不得設立，已核准在鄉鎮設立者，維持原狀，不得再設置分社。〔註24〕唯民國80 年以來，台灣的生產建設進步，經濟快速成長，社會已發生結構性的變化。許多地區的農會信用部也發生「質變」與「量變」，已經接近信用合作社的形態，對此類地區，實宜開放新設或將原農會信用部改制為信用合作社。〔註25〕

2. 至於信用合作社則宜適度開放新分社之設立。近年來國內推動金融自由化，各類金融機構分行設立均大幅放寬，只有信用合作社分社設立，仍被嚴格限制，導至分社設立偏低，無法滿足社員需求。〔註26〕加上新銀行的成立，信合社業務有被嚴重侵噬的現象。所以放寬信用合作社分社設置，從來都是信用合作社爭取的目標。

〔註22〕 中華民國信用合作社聯合社編印，《台灣地區信用合作發展史》，頁289、290。
〔註23〕 中華民國信用合作社聯合社編印，《台灣地區信用合作發展史》，頁294。
〔註24〕 台北市政府財政局編印，《合作金融法令彙編》，頁82。
〔註25〕 中華民國信用合作社聯合社編印，《台灣地區信用合作發展史》，頁303、304。
如台北縣板橋市、中和市、土城市都市發展關係農地幾乎已全部開發，但板橋農會、中和農會、土城農會仍然存在。其他如新莊、樹林、五股、蘆洲等鄉鎮的都市發展已相當成熟，已具都會型態，難以用農會業務生存。
〔註26〕 中華民國信用合作社聯合社編印，《台灣地區信用合作發展史》，頁305、306。

（五）開拓業務領域問題

國內現行法令，對信用合作社的業務範圍，嚴格限制在一個行政區域內，不得誇區經營，近 40 年未改。參考各先進國家及鄰國日本之合作組合或合作金庫之業務種類，已近似商業銀行之業務。近年我國信用合作社的經營環境，已大幅改變，對信用合作社業務區域的限制，已不符合事實的需求，應該適度的修訂，給與信用合作社應有的發展空間。〔註 27〕

（六）放寬非社員存款及有條件對非社員放款問題

信用合作社應否對非社員發生交易問題，不僅是理論的原則，亦是實際的業務問題。同時又與時空因素，本身條件，外在環境，社員需求等，息息相關，但因不斷演進、轉變的主客觀情勢，這項原則，先進各國合作社多已逐漸加以訂正與修改。〔註 28〕

其他尚有（七）選舉制度問題。（八）理監事連選連任問題。（九）理事會與總經理權責劃分問題。這三個問題，是以「人合」為主，所組成的社團～信用合作社，其內部權力結構，如何建置，及如何有效運作的課題所在，始終是主管機關及信用合作社各社，極力在探討的中心問題。

（十）建立合作金融完整體制

台灣的合作金融體制，多為基層單位組織，至於信用合作社上一層的聯合組織，原有台灣省信用合作社聯合社，創社未滿 3 年，及因成效不彰，宣告解散。直至 71 年，全體信用合作社聯合共創，設立中華民國信用合作社聯合社（簡稱：信聯社），希望能藉此維護信用合作社權益，增進業務成果。唯信聯社僅能從事社務活動，不能直接辦理業務，功能受限。綜觀歐、美、日先進國家，在金融業務及社務方面，均有組織完整之中央層級之機構，而台灣地區，除了屬於政府設立的公營合作金庫外，信聯合社僅具社務功能，離信用合作社自治、自有目標，尚有相當距離。〔註 29〕

以上十個問題，是民國 80 年之前，各信用合作社關注的重點。在民國 82 年 12 月「信用合作社法」立法頒布以後，信用合作社的訴求，大部分都獲得放寬與紓解。且該授權財政部訂定辦法，讓體質良好，合乎一定條件的信用

〔註 27〕中華民國信用合作社聯合社編印，《台灣地區信用合作發展史》，頁 309、310。
〔註 28〕中華民國信用合作社聯合社編印，《台灣地區信用合作發展史》，頁 312、313。
〔註 29〕中華民國信用合作社聯合社編印，《台灣地區信用合作發展史》，頁 315、316。

合作社,得申請改制為商業銀行;未能改制的信用合作社,也擴大了經營的空間,包括準許跨區營業,讓中小企業加入為準社員,及放寬業務範圍與分社申請等。這次「信用合作社法」立法,對信用合作社的社、業務,作如此大幅度的放寬,除了讓信用合作社的未來有發展的空間,但也意味著信用合作社,必須自己去面對未來嚴峻的挑戰。

第二節 改制

信用合作社是在政府的管制與保護中發展,從 69 年起,政府開始推動金融自由化,[註30] 信用合作社逐漸感受到競爭的壓力。民國 80 年,新銀行開放設立後,新的民營銀行挾持著雄厚的資本,以嶄新的姿態,搶攻台灣各個金融要地,並強力發動「價格戰」、「宣傳戰」、「據點戰」,大肆擴張據點,讓處處受限的信用合作社,腹背受敵,強烈感受到競爭的壓力,[註31] 於是大聲呼籲政府放寬對信用合作社的管制,及期待能儘速為信用合作社單獨立法。

民國 82 年 12 月 3 日,政府在各社期盼中,立法通過「信用合作社法」。對信用合作社的營業空間,大幅放寬,允許跨區營業,[註32] 讓中小企業能加入信用合作社為準會員,[註33] 增加業務項目等。並於該法中授權財政部訂定辦法,讓合乎一定條件的信用合作社,可以申請改制。[註34] 這項開放政策,讓台灣信用合作社同業中,具有規模,社業務健全的單位,莫不躍躍欲試的,期望經由改制,跳脫信用合作社處處受限的體制,其中板信是被全國各界最為看好的熱門單位之一。[註35] 在當時地方社會的氛圍中,大多數與板信相關的人士,都高度盼望板信能在短期間內改制為商業銀行。

一、板信對改制的期盼與顧慮

「板信」在全國同業及地方上已被專有名詞化了,經社內熱烈討論後,

〔註30〕 00-46-71-100-1,〈板橋信用合作社 69 年度第 11 次理事會紀錄,主席致詞〉(1980 年 11 月 27 日)。
〔註31〕 板信編〈板橋信用合作社 81 年度業務報告書〉,頁 3。
〔註32〕 台灣省合作事業協會編印,〈信用合作社法〉,《合作法令輯要彙編》,頁 29。
〔註33〕 台灣省合作事業協會編印,〈信用合作社法〉,《合作法令輯要彙編》,頁 30。
〔註34〕 台灣省合作事業協會編印,〈信用合作社法〉,《合作法令輯要彙編》,頁 38。
〔註35〕 〈信合社改制銀行 標準出爐實收股本 20 億元 逾放比率低於 2％目前有三家符合〉,《經濟日報》,中華民國,1995 年 5 月 3 日,04 版,金融理財。

改制名稱就訂爲「板信商業銀行」，簡稱板信商銀。改制一事，板信全社、內外，有期盼但也有疑慮。理事會及相關人士最大疑慮，在板信股權分散，怕改制爲公司組織後，喪失掌控公司的經營權。

（一）對改制的期盼

民國 79 年，財政部接受新銀行申請，並開始研擬放寬信用合作社的管制。板信理事主席邱明政風聞消息，已經預期信用合作社將面臨新的競爭壓力，他期盼政府能經由修法，讓信用合作社有機會朝改制爲「國民銀行」的方向發展〔註36〕。83 年「信用合作社法」頒布後，信用合作社同業間，多未能預期到財政部如此大幅度開放信用合作社的業務管制，及改制成爲商業銀行的可能性，當時板信理事主席劉炳輝，也期望能以改制成「區域性商業銀行」作爲目標。〔註37〕

83 年「信用合作社法」公布後，已預設了信用合作社改制的可行性。當時新銀行正大肆擴張，金融業經營一片榮景，社會大眾對銀行未來充滿憧憬，各界人士對信用合作社改制，多抱持積極樂觀的態度。板信的社員代表對改制爲商銀亦滿懷著期待。在財政部尚未公布改制標準及辦法之前，已於 83 年常年社員代表大會時，通過「應積極辦理變更爲股份有限公司之商業銀行」的決議案。〔註38〕同年臨時大會中，則更進一步決議通過要求「優先開放員工、理監事、代表增股案」，希望社方開放增股的限制，顯示對改制的高度興趣。〔註39〕大部分的社員代表多期待改制之事，所以在 85 年社代會，正式提案改制商銀的議案時，即以超過「信用合作社法」規定之人數，正式議決過改制案。〔註40〕

（二）板信理監事會、社員代表的顧慮

但並非全體社員表都贊成改制商銀的議案：

〔註36〕板信編，〈板橋信用合作社 79 年度業務報告書〉，頁 3。
〔註37〕板信編，〈板橋信用合作社 83 年度業務報告書〉，頁 3。
〔註38〕00－82－84－100－5，〈板橋信用合作社 83 年度常年社員代表大會續會紀錄‧討論提案第 2 案〉（1994 年 3 月 14 日）。
〔註39〕00－82－84－100－5，〈板橋信用合作社 83 年度臨時社員代表大會續會紀錄‧討論提案第 3 案〉（1994 年 11 月 26 日）。83 年 11 月 24 日理事會討論事項第 11 案議決：「社員增減股金時，應經理事會同意」。
〔註40〕00－47－86－100－1，〈板橋信用合作社 85 年度第 3 次臨時社員代表大會紀錄‧討論審意事項〉（1996 年 11 月 7 日）。

1. 社員代表的疑慮

（1）社員喪失權益：板信 84 年常年大會，即有部分社員代表聯署提案，建議勿將板信改制銀行以免造成地方一大損失。提案人認為改制銀行，對地方得不償失。認為信用合作社係地方的公有事業，本旨在為地方謀福利，每年從盈餘中提撥公益金，回饋地方，其價值難以估計。改制後，所有公益事業，社員活動，社員代表的權益將化為烏有，板信創設的本旨將完全喪失。〔註 41〕

（2）經營權流入少數人手中：信用合作社以人數多寡表決議案，社員代表可以人數掌控理事會。公司以股權多寡決定議案。改制銀行後，即屬一般金融事業公司，未來經營權將落入少數董監事手中，板信創設的本旨及所有社員代表的權益將完全喪失。〔註 42〕此案因為提案人動機係以社員代表本身權益為訴求，且違反大家對改制的期待，而未被接受，〔註 43〕大多數人仍期望板信有改制的機會。

2. 理事會及劉炳輝的疑慮

理事主席劉炳輝對改制案，有期待但也有疑慮：

（1）依信用合作社法規定，每一社員持股至多 5%，改制銀行後，公司股權可以用徵求委託書方式取得經營權，有意者很容易以此操控公司主權。板信歷經數十年辛苦經營，基礎穩固，當然改制後希望仍由原有板信相關人員主控，避免不相干的第三者介入。但依統計資料，當時理、監事持股合計僅占總股金 1.4%，改制後，很容易被外人入主。

（2）信用合作社改制後，必須開始課徵 5% 營業稅，處在當下競爭如此激烈的金融環境中，似乎難以在短期間內創造出良好的盈餘，擔心會讓對改制有期待的社員有失落感。〔註 44〕

〔註 41〕 00－82－84－100－5，〈板橋信用合作社 84 年度常年社員代表大會紀錄‧討論提案第 2 案〉（1995 年 1 月 22 日）。

〔註 42〕 00－82－84－100－5，〈板橋信用合作社 84 年度常年社員代表大會紀錄‧討論提案第 2 案〉（1995 年 1 月 22 日）。

〔註 43〕 00－82－84－100－5，〈板橋信用合作社 84 年度常年社員代表大會紀錄‧臨時動議第 2 案〉（1995 年 1 月 22 日）；提案人提案「每年在四、五月間，舉辦社員代表赴國外作金融業務考察」，該案經呈主管機關核備時，受財政部以 84／6／14 台財八四七四○四○貳號函予以否決。

〔註 44〕 00－85－86－100－6，〈板橋信用合作社 85 年度 2 月份第 1 次理事會紀錄〉（1996 年 2 月 26 日）。附件：「85 年度第 2 次主管會報紀錄」。

二、板信改制的歷程

「信用合作社變更組織為商業銀行之辦法及標準」（簡稱信合社變更商銀標準及辦法）是在 84 年 12 月正式公布的。在之前，改制事務因於法無據，雖然代表大會已經議決通過改制商銀之議案，板信也只能組成改制委員會，研討改制可能發生的問題。〔註45〕至 84 年中，改制消息不斷在新聞中出現，〔註46〕改制標準漸次浮現，板信理事會乃成立較積極性的「改制商業銀行推動小組」，會中特別議決通過，僅要五位理事出席即可開會，通過議案。〔註47〕監事會也非常關心改制事務要求列席。〔註48〕10 月份時，為了解社員對改制商銀實際的態度，特別舉辦社員問卷調查，這是財政部公布改制標準及辦法前，板信作出的最大動作。〔註49〕

財政部的「信合社變更商銀標準及辦法」公布後，板信雖然有很大意願，但並未立即著手申請改制，它有兩個問題需要確定，（一）85 年度理事主席、理、監事會的改選。（二）理監事、社員代表、員工等的持股比率問題。〔註50〕

板信的改制工作，是以理監事改選為起點：

（一）改選理監事

財政部頒布改制辦法後，板信並未立即著手改制作業，因 85 年度適逢板信第 14 屆理事會及 38 屆監事改選。理監事的改選事務，對於板信的經營權，仍有些不確定的因素存在。原預定在 3 月 24 日舉辦，後議決改為 4 月 7 日。〔註51〕又因對財政部新頒布的選聘辦法中，理、監事「任期」的資格部分條

〔註45〕 00－82－84－100－5，〈板橋信用合作社 83 年度第 7 次理事會紀錄・討論事項第 11 案〉（1994 年 7 月 25 日）。

〔註46〕 〈信合社改制商銀 將可跨三區經營資本額 20 億元初估 13 家符合改制標準〉，《經濟日報》，中華民國，1995 年 4 月 7 日 04 版，金融理財。

〔註47〕 00－82－84－100－5，〈板橋信用合作社 84 年度第 5 次理事會紀錄・討論事項第 8 案〉（1995 年 4 月 20 日）。

〔註48〕 00－82－84－100－5，〈板橋信用合作社 84 年度第 6 次理事會紀錄・報告事項第 11 項〉（1995 年 5 月 22 日）。

〔註49〕 00－82－84－100－5，〈板橋信用合作社 84 年度 10 分第 1 次理事會紀錄・討論事項第 3 案〉（1995 年 10 月 23 日）。

〔註50〕 板信編，〈板橋信用合作社 84 年業務報告書・重要記事〉，頁 10。

〔註51〕 00－85－86－100－6，〈板橋信用合作社 85 年度 1 月份第 1 次理事會紀錄・討論事項第 1 案〉（1996 年 1 月 8 日）。

文有疑義，須向主管機關請示。故選舉日期二次延緩。〔註52〕至 4 月 27 日始完成理、監事之改選事務，由劉炳輝連任理事主席的職務。〔註 53〕理事會是信用合作社的執行機關，理事主席主持理事會，對外代表合作社，劉炳輝確定續任後，板信的權力核心底定，改制作業才眞正的開始運作。

（二）變更組織的程序

板信在理監事會改選前，改制商銀的研究計畫，已通過爲變更商業銀行之籌劃、申請、經費等在案。改選後，積極推動改制計畫及作業，完成必要的程序。

1. 民國 85 年 10 月份第 1 次理事會議決，以公開方式辦理社員增股，每位社員以 3 萬元爲限，〔註54〕時間從 10 月 9 日至 17 日。〔註55〕

2. 10 月 28 日理事會通過了改制議案等 13 案，較重要的有：
   （1）以「板信商業銀行」名義（簡稱板信商銀），申請變更爲商業銀行。
   （2）資本額訂定爲 60 億元。
   （3）業務區域以台北縣、台北市、桃園縣爲範圍。
   （4）板信商業銀行章程。
   （5）追認社員代表、顧問、員工增股時程及最高限額。〔註56〕

3. 11 月 7 日召開第 3 次臨時社代會通過板信「組織變更爲板信商業銀行股份有限公司」之議案的重要程序。〔註57〕

4. 11 月 8 日寄出「板橋信用合作社變更爲股份有限公司組織之商業銀行」通知書，讓有反對意見的社員在 20 日內提出異議。至 12 月 1 日，共收到異議社員函件 142 件，異議社員未達社員總人數 102,674 人之三分之一，確定了改制必需的程序。

〔註52〕00－85－86－100－6，〈板橋信用合作社 85 年度 2 月份第 1 次理事會紀錄‧討論事項第 9 案〉（1996 年 2 月 26 日）。

〔註53〕00－85－86－100－6，〈板橋信用合作社 85 年度 5 月份第 1 次（改選後首次）理事會紀錄‧互選理事主席〉（1996 年 5 月 13 日）。

〔註54〕00－85－86－100－6，〈板橋信用合作社 85 年度 10 月份第 1 次理事會紀錄‧討論事項第 1 案〉（1996 年 10 月 4 日）。

〔註55〕00－85－86－100－6，〈板橋信用合作社 85 年度 10 月份第 3 次理事會紀錄‧追認事項第 1 案〉（1996 年 10 月 28 日）。

〔註56〕00－85－86－100－6，〈板橋信用合作社 85 年度 10 月份第 3 次理事會紀錄‧討論事項第 1 至 13 案〉（1996 年 10 月 28 日）。

〔註57〕板信編，〈板橋信用合作社 85 年業務報告書‧85 年重要記事〉，頁 10。

5. 12 月 27 日，召集「板信商業銀行股份有限公司」第一次股東大會，正式
   成立。選任董事 18 位，監察人 5 位。會後立即召開第 1 屆第 1 次董、監
   事會，選任劉炳輝為董事長；葉進一為常駐監察人。
6. 85 年 12 月 30 日，向財政部申請變更為「板信商業銀行股份有限公司」。

三、板信改制的條件及股權

　　板信的社、業務經營良好，曾被陳冲譽為「板信是模範生」〔註 58〕，多
次受到內政部及財政部頒獎表揚。曾是財政部研擬信用合作社改制問題時，
作為規範的對象。〔註 59〕當財政部公布「信合社變更組織標準及辦法」時，
是同業中少數符合規定的信合社之一。〔註 60〕但板信在改制的作業上，卻面
臨股權分散的問題，理事會及理事主席顧慮改制後，板信受到外界的有心人，
透過收購委託書的操作方式，取得經營主控權。所以議決透過增資 30 億元的
方案，增加理監事、員工、社員代表等相關人員的股權，來充實改制後的主
控權。

（一）板信改制的條件

　　財政部頒布的規定，改制的標準有：
1. 最低實收股金達新台幣二十億元，且無累積虧損者。
2. 自有資本與風險性資產之比率，不得低於百分之八。
3. 申請前一年年中決算之逾期放款及催收款之總額占受信總額之比率在 2.5
   ％以下。
4. 申請前一年內負責人未因業務上故意犯罪經判刑確定。
5. 申請前一年內未違反本法、銀行法規定受處分。
6. 申請前一年內未發生情節重大之舞弊案。

　　當時共有 6 家符合第一項資本額之規定。〔註 61〕當時板信的條件已完全

〔註 58〕〈板信銀是模範生　官員信心喊話〉，《經濟日報》，中華民國，1999 年 2 月 4
　　　　日，01 版。
〔註 59〕參見邱明政訪談紀錄。
〔註 60〕〈四家信合社　明年改制商銀〉，《經濟日報》，中華民國 1995 年 7 月 24 日，
　　　　04 版，金融理財。
〔註 61〕〈改制銀行錢景可期　加入信合社趁早　台北三信、陽信、板信、台中三信、
　　　　七信與高雄一信等一年來社員人數大增〉，《經濟日報》，中華民國，1996 年 2
　　　　月 5 日，07 版，理財。

符合改制的規定。

1. 股金：84 年底，有社員 100,718 人，股金 3,081,606,900 元。無累積虧損，資本公積有 27,273,883 元，保留盈餘 820,667,335 元。〔註62〕

2. 逾期放款及催收款之比率：84、85 兩年底，這 2 項金額的合計與總放款金額比率，均低於 2.5％以下（見表 6－2－1）

3. 板信的自有資本與風險性資產的比率為 14.25％，高於規定的 8％（見表 6－2－2）。

表 6－2－1：板橋信用合作社 84、85 年逾期放款及催收款項比率

金額單位：千元

年　度	放款金額	逾放金額	逾放比率	催收金額	催收比率	比率合計
84 年 12 月 31 日	39,211,970	207,212	0.53％	146,598	0.37％	0.90％
85 年 12 月 31 日	36,722,659	465,226	1.27％	379,027	1.03％	2.30％

資料來源：依據板信〈85 年度 1 月份第 3 次理事會紀錄，附件：84 度十二月份延滯、逾放、催收、退票比率一覽表〉；及〈86 年度 1 月份第 2 次理事會紀錄，附件：85 年度十二月份延滯、逾放、催收、退票比率一覽表〉整理。

表 6－2－2：板橋信用合作社 85 年 6 月 30 日自有資本與風險性資產比率計算表

單位：新台幣千元

項　目	金　額
第一類資本	4,683,879
第二類資本	478,287
自有資本淨值	5,162,166
風險性資產總額	36,225,122
第一類資本與風險性資產比率	12.93％
第二類資本與風險性資產比率	1.32％
自有資本與風險性資產比率	14.25％

資料來源：依據板信〈85 年度 10 月份第 3 次理事會紀錄，附件：自有資本與風險性資產比率計算表〉整理。

〔註62〕板信編，〈板橋信用合作社 84 年度業務報告〉（1995 年），頁 11。

表6-2-3：板橋信用合作社85年6月30日自有資本與風險性資產比
率明細表　　　　　　　　　　　　　　　　單位：新台幣千元

順序	項　　目	金　額
1	自有資本	－
2	第一類資本	－
3	股金	3,031,839
4	儲蓄部資本	3,000
5	資本公積	1,801
6	法定公積	1,197,051
7	特別公積	56,450
8	累積盈餘	393,738
9	第一類資本合計	4,683,879
10	第二類資本	－
11	增值公積	25,473
12	營業準備及備抵呆帳	452,814
13	第二類資本合計	478,287
14	自有資本合計	5,162,166
15	減：銀行間相互持股	－
16	自有資本淨額	5,162,166
17	風險性資產總額	36,225,122
18	第一類資本與風險性資產比率	12.93%
19	第二類資本與風險性資產比率	1.32%
20	自有資本淨額與風險性資產比率	14.25%

資料來源：依據板信〈85年度10月份第3次理事會紀錄，附件：自有資本與風險性
　　　　　資產比率計算表〉整理。

（二）板信股權增加的規劃

　　板信改制為商業銀行後，經營權如何能確實的掌控，是板信理事會及理
事主席劉炳輝重要的考量之一。在85年2月份之前，當屆理、監事（第13
屆理事會及第37監事會）所擁有的股權只占總股金的1.4%，不足5千萬元。
如此數量之持股比率，多數理事及劉炳輝擔心，改制後恐讓有心人士，有機

會獲得經營的主控權。因為 81 年的「選聘準則」的規定，理監事候選人的最低持股數，只要超過新台幣 50 萬元以上即可。

85 年初，理、監事會同時改選。板信於 4 月 27 日，依新的「選聘辦法」選出新的理、監事，新法源規定新任理監事，就任後一個月內，全體理監事的已繳股金，應達到就任前一年底實收股金 5% 以上。卻又於 85 年 6 月 8 日，再度修改理監事之持股數額，提高為須超過實收股金 15%，並規定在 85 年 8 月 31 日前繳清，且須將持股明細及質權設定內容，報請主管機關核備。板信為符合規定，通過了於 5 千萬元內，開放當屆理、監事（第 14 屆理事會、第 38 屆監事會）增股。由於改制工作已經積極的推行，理監事均擁躍的增加持股數，並在限期前完成增股。是時，理監事之已繳股金總額占 84 年底股金總額的 31.72%。〔註 63〕這次理、監事增股活動，股金增加近 10 億元。

外界十分關注板信的改制案，紛紛請求增股，為因應要求，板信理事會乃議決，以公開方式辦理社員增股手續，每位社員增股額度最高為新台幣 3 萬元，預計增加股金總額為 30 億元，辦理增股期間 7 天。〔註 64〕社員增股結束後，再由社員代表、顧問、員工辦理增股。社員代表、顧問增股上限為 600 萬元。員工入社服務滿 20 年以上者，可增資 600 萬元；滿 10 年以上者，可增資 400 萬元；年資未滿 10 年者，上限為 200 萬元。增股期間截止後，增股金額如不足預定增加之股金總額，不足部分再由理監事決定認足或調整。〔註 65〕

至於股權的核算，於 85 年 10 月份第 1 次理事會已議決，以財政部公布「信合社變更組織之標準及辦法」前之股權以 1 比 1 換算。84 年 12 月 6 日以後入社或增股者之股權，以「板信」經核定股金實質價值，通知限期補繳增加價值之金額，這些補繳金額則轉入「資本公積」項目內。〔註 66〕經依 84 年 12 月 6 日會計基礎之計算，以每股 10 元之淨值為 12.13 元。即 84 年 12 月 6 日以後增股者，每股需繳交 12.13 元，每股溢價 2.13 元（見表 6－2－4）。

〔註 63〕板信編，〈台北縣板橋信用合作社申請變更組織為板信商業銀行股份有限公司第一次股東會議事手冊〉（1996 年 12 月 27 日），頁 2、3。

〔註 64〕00－85－86－100－6，〈板橋信用合作社 86 年 6 月份第 1 次理事會紀錄・討論事項第 5 案〉（1997 年 6 月 6 日）。

〔註 65〕00－85－86－100－6，〈板橋信用合作社 86 年 10 月份第 3 次理事會紀錄・追認事項第 1 案〉（1997 年 10 月 28 日）。

〔註 66〕00－85－86－100－6，〈板橋信用合作社 85 年 10 月份第 1 次理事會紀錄・討論事項第 1 案〉（1996 年 10 月 4 日）。

表6−2−4：板橋信用合作社社股與股份轉換增值金額計算表

金額單位：元

本社（板信）變更組織為商業銀行，有關自 84／12／6 起社股與股份轉換增值金額之計算說明如下：

一	本計算表係依據84年底各項公積加計增資後股本換算每股淨值為基準		
二	84年12月31日各項帳列公積數：		
	1	收入公積	1,800,704
	2	固定資產增值公積	25,473,179
	3	法定公積	972,451,153
	4	特別公積	56,450,000
	合計		1,056,175,036
三	84年度盈餘分配提列公積數		224,600,000
四	增資後股本		6,000,000,000
五	增資後股數		600,000,000
六	計算公式： （84年度各項帳列公積數 1,056,175,036＋84年度盈餘分配提列公積數 224,600,000＋增資後股本 6,000,000,000）÷增資後股數 600,000,000＝每股淨值 12.13（元）		

資料來源：依據86年6月6日，〈板橋信用合作社86年度6月份第1次理事會紀錄，討論事項第5案，附件〉。

（三）增股的情形

　　板信商銀資本額訂定為60億元。60億元的資本，共經過4個不同階段的增認股金作業。最重要是理監事的第一階段增資。增資目的，乃為配合財政部新修訂的「選聘辦法」部分條文之規定：〔註67〕全體理監事持股總額應維持實收股金總額15%以上。作用是加強擔保信用合作社法規定的理事、監事應負之責任。增股作業完成，理、監事已繳之股金，占84年底股金總額31.72%，已能有效保有經營權。其次由社員、社員代表、顧問、員工順序辦理增資。

　　4階段增資程序結束後，原有股金加增股金額共計 5,079,550,700 元，因未達資本總額之目標，不足金額乃由理監事平均分攤額度認股，於 85 年 11 月 5 日認足 60 億元總股金。全體理監事最終持有股金總額計 1,896,957,500 元，占總資本之31.62%（見表6−2−5）。經過這次的增股操作，板信當屆的理監事的持股，已達到有效掌控板信商銀經營權的確實股權。

〔註67〕財政部85年6月8日台財融第八五二三○號函，修訂「信用合作社社員代表理監事及經理人應具備資格條件及選聘辦法」。

表6－2－5：板橋信用合作社變更組織為板信商業銀行增股情形

金額單位：千元

增股情形或持有股金狀況	人數（人）	金額（元）	比率%
社員增股	12,127	360,253,700	6.00
社員代表	113	517,244,200	8.62
顧問	10	49,461,600	0.82
員工	285	193,567,900	3.23
增股後理監事持股	23	1,896,957,500	31.62
60 億股金扣除增股金額及理監事持股後股金餘額		2,982,515,100	49.71
資本總額		6,000,000,000	100

資料來源：依據板信商銀編，〈討論事項第二案〉，〈台北縣板橋信用合作社申請變更組織為板信商業銀行股份有限公司第一次股東會議事手冊〉，頁 2～4。

第三節　合併高雄五信的經過與代價

　　隨著政府推行金融自由化及國際化，台灣的金融環境丕變，經營競爭日益劇烈，以致競爭力薄弱的基層金融單位，經營相繼的發生困境，政府除了加強輔導外，對難以正常營業的單位，則尋求其他金融機構予以合併。高雄市的第五信用及第十信用，就是在這種環境中產生營運不正常，加上人謀不臧，已經無法獨立經營，主管機關乃強力建議板信就這 2 家中，選擇其中 1 家合併。經評估後，板信選擇淵源較深，資產稍好的高雄五信為合併的對象，在 86 年 9 月 29 日，營業終了後正式合併。9 月 30 日南北同時以「板信商業銀行」名義同時掛牌，開幕營業。

一、高雄五信的弊端

　　民國 70 年代，高雄五信在信用合作社同業中，曾頗具規模，民國 80 年以後，業務漸趨萎縮，又因人謀不臧，導致發生擠兌風波。

（一）高雄五信的歷史

　　高雄五信的前身，為原高雄市前金區合作社信用部。前金區合作社設立信用部之前，業務以商品供銷為主。因業務經營成績優異，曾榮獲全國「區」

合作社實驗社。民國49年奉准增設信用部，兼營信用業務。但因業務區域侷限於高雄市前金區範圍內，營運遭受到諸多的限制，故於51年，依循行政院頒訂的「台灣省合作事業改進方案」，將兼營信用部之合作社，改為專營的信用合作社。由吳復傳等16人，發起籌組高雄市第五信用合作社。52年9月奉准成立，選任吳復傳為理事主席，開始營業。〔註68〕

高雄五信自成立後，經營尚稱穩健，存、放款規模在同業中略約屬於中上層級。至85年底時，業務方面，存款有318億元，放款159億元，盈餘2億5,542萬元；社務方面，總分支單位13家，社員57,373人，總股金1,310,853,000元，員工376名（見表6－3－1）。

表6－3－1：高雄五信81年至85年社、業務統計表

單位：新台幣千元

年　度	存款	放款	盈餘	社員（人）	總股金
81	31,196,428	19,589,874	117,491	47,789	4,634,590
82	42,621,203	29,143,336	174,872	50,270	5,742,440
83	—	—	—	—	—～
84	35,697,315	21,863,949	255,422	58,437	1,061,9090
85	31,805,836	15,930,684	255,422	57,373	1,310,853
86年9月27日	15,574,915	11,339,551	−161,748	—	1,290,816

資料來源：一、81年至85年依據中華民國合作事業協會編印，〈合作事業統計年報〉81～84。缺83年統計資料。

二、84、85年度〈合作事業統計年報〉，〈表17：全國各信用合作社業務經營、固定資產及淨值〉內2年統計數字相同，經比對板信84、85年之盈餘金額，應為85年表17內之統計數資料引用錯誤。

三、86年9月27日，高雄五信之存放款、盈餘、股金資料係依據板橋信用合作社受讓高雄市第五信用移交清冊內附件之資產負債表之金額整理。

（二）高雄五信的弊端

高雄五信的弊端，在86年1月8日，中央存款保險公司對高雄五信作一般金融檢查時即已發現，該社逾期放款金額已高達57億4,658萬元，逾放比率27%；其中催收款占有55億5,751萬元。若加計繳息欠正常之放款1億1,788

〔註68〕中華民國信用合作社聯合社編印，《台灣地區信用合作發展史》，頁804～809。

萬元,則逾放總數(含催收款)高達 58 億 6,446 萬元,比率 27.6%;授信品質惡化。〔註69〕這個現象從日期推論,高雄五信營業的惡化,應早於此 3 至 4 年以上。如依報載,最早於 80 年起,總經理李明色還擔任該社副總經理的任內就開始了。〔註70〕

中央存款保險公司的檢查報告內,所列示的意見中,指出高雄五信放款業務的重大缺失有:〔註71〕

1. 授信案件未確實徵信而逕於貸放。

2. 大額授信案件,採分散借款集中使用,違反授信原則。

3. 徵提之擔保物座落在業務區域外;或對土地之鑑估,採用的時價高於公告現值 10 倍以上。如台南市安南區土地,從 80 年至 83 年間,同一筆土地貸款,連續高估,讓客戶三度超貸,總金額共 16 億元。該筆貸款之擔保品,土地原有公告地價從 5,000 元至 27,000 元不等,李某等先以每坪 13 萬元估價貸放,再調高為 32 萬元、50 萬元,三度提高估價金額給予超貸。〔註72〕

4. 所徵提之擔保品為管制區之土地,處分不易。如 82 年 6 月李明色在副總經理任內時,有以墾丁國家公園管制區內土地,以每坪 2 萬元貸放,但擔保品實際公告總價僅 6,500 元,超貸金額為 1 億 4 千萬元。〔註73〕

如此巨額的催收款 55 億 5,751 萬元,加上承受擔保品 11 億 6,623 萬元,總計有 67 億 2,375 萬元呆滯資金。若以 86 年 7 月份台灣短期貨幣市場利率 6%計息,〔註74〕則一年的營業收入,最少短收有 4 億元以上,影響利潤盛鉅。

其次,中央存款保險公司的檢查意見更指出,高雄五信總資產內容中,應該重新評估價值的資產計有 70 億 8,085 萬元,與社員權益 18 億 8,367 萬元

〔註69〕 00－87－100,〈板橋信用合作社受讓高雄市第五信用合作社移交清冊〉,1997 年 9 月 29 日。附件:高雄市政府八六高市財政密字第一四九四〇號函附中央存款保險公司 86／3／13 存保檢二字第八六〇〇三〇一三六函。

〔註70〕 〈前五信超貸案 再起訴 65 人〉,《聯合報》,中華民國,2001 年 6 月 8 日,20 版,高雄綜合新聞。

〔註71〕 00－87－100－1,〈板橋信用合作社受讓高雄市第五信用合作社移交清冊〉(1997 年 9 月 29 日)。

〔註72〕 〈撤銷合併定讞 板信銀有債信危機〉,《聯合報》,中華民國,2003 年 1 月 13 日,18 版,高屏澎東新聞。

〔註73〕 〈四年前一筆土地放款涉嫌超貸 6,000 多萬元高市五信總經理等五人被公訴〉,《經濟日報》,中華民國,1997 年 9 月 2 日,06 版。

〔註74〕 板信編,〈板信商業銀行 86 年年報〉(1998 年),頁 13。

的比率達 375.9%；這些需要重新評估的資產中，可能遭受的損失最少有 31 億 3,587 萬元以上；以高雄五信的社員權益加上提列的備抵呆帳 3 億 6,291 萬元，仍短少 8 億 8,929 萬元，已嚴重不足彌補可能的損失，可見其財務嚴重惡化的情形。

高雄五信被檢查出弊端後，主管機關高雄市政府已函示，禁止高雄五信繼續辦理無擔保放款及以空地為擔保之放款業務。但該社並未予以理會，仍持續貸放空地融資貸款。另被糾正的案件，應重新估價及應予回收的個案，亦多未按指示與規定處理。〔註 75〕高雄五信整個弊端，並無有效的控制，就在如此的文來函去中度過，擠兌發生時，才由中央存款保險公司等，組成的監控小組進駐監管，持續到板信合併消失止。

（三）高雄五信發生擠兌

86 年 6 月 11 日，高雄五信與高雄十信經營不善、逾期放款過高的消息傳開來，引起存款戶的恐慌，當天立即發生異常提領，高雄五信被擠兌了 15 億餘元，十信亦被提走近 5 億元。兩家信合社將發生擠兌事件，財政部於事情發生前，曾電告當地主管機關高雄市財政局妥為因應。故事情爆發後，高雄市財政局已協調合作金庫及台灣銀行調集資金因應變局，並由財政局長親自出面，對存戶信心喊話，期望事態減緩。〔註 76〕

但第 2 天擠兌情況並未減緩，五信仍被提領近 20 億元，十信將近 10 億元，2 天下來，2 家信合社已被擠兌近 50 億元。直到當天〈12 日〉下午，由中央存款保險公司等單位組成的監管小組進駐，發揮安撫人心效果，整件擠兌的情事才漸緩和下來。〔註 77〕

高雄五信及高雄十信擠兌事件緩和後，監管小組仍繼續進駐管控，同時由政府撮合願意併購的金融機構。最後，由板信於改制前與高雄五信簽訂受讓合約，在 86 年 9 月 30 日，同時掛牌板信商業銀行正式合併。高雄十信則於稍後由泛亞銀行併購。

〔註 75〕00－87－100－1，〈板橋信用合作社受讓高雄市第五信用合作社移交清冊〉（1997 年 9 月 29 日）。

〔註 76〕〈五信失血 15.3 億 十信被領 4.8 億財部說五信淨值逾 3 億 十信約 10 億 尚無人為舞弊情況〉，《經濟日報》，中華民國，1997 年 6 月 12 日，02 版，要聞 2。

〔註 77〕〈五信十信失血兩天流失 50 億監管小組進駐兩社，預料今天擠兌情勢可緩和〉，《經濟日報》，中華民國，1997 年 6 月 13 日，02 版，要聞（2）。

二、合併高雄五信的歷程

　　板信併購高雄五信的過程一波三折，整個事件是在政府強力的主導下，讓板信不得不如此作為。當時板信剛增資完成，股金總額 60 億，淨值近 80 億，在同業中股本最雄厚，且逾放低，是體質健全的基層金融，成為財政部合併病弱信合社的最佳單位。事後，整個併購案，讓板信折損超過 30 億以上的金額，且後遺症歷經數年始平息下來。

（一）擠兌事件前板信的舉動

　　板信併購高雄五信的芻議，應早在擠兌事件之前，已經從主關機關獲悉。板信的改制申請是在 85 年 12 月 30 日提出的，直到 86 年 7 月 9 日始核准，審核期間長達半年，這時段內，正含蓋高雄五信弊端的發現及爆發。期間中，板信理事主席劉炳輝、總經理陳錦成及重要幹部均曾數度至財政部洽談改制事宜。

　　高雄五信的弊端，在 86 年 1 月 8 日，中央存保公司金融檢查時，已經發現，巨額的虧損實難以彌補。如無妥善解決，高雄五信弊端，可能引發的金融及地方社會的紛擾，主管機關或已訂有方案，並擬定計畫。同樣的高雄十信的弊端，亦已覓妥接手的對象。

　　在高雄五信與十信爆發擠兌的前 1 個星期，6 月 4 日，板信為改制事務，召集 86 年第 1 次臨時社代會。會中除通過改制事項外，並在討論審議事項中的第二案，提出 5 月 27 日時，理事會通過的決議案〔註78〕：「本社基於業務需要及維持金融穩定，如有其他金融機構願意合併或概括讓與資產負債及營業與本社時，授權理事會全權處理」，經議決追認通過，已為合併高雄五信預作準備。〔註79〕

（二）對合併案的疑慮與考量

　　關於合併高雄五是否承受，信板內部有許多紛雜的看法。

1. 承受高雄五信的考量

　　依過去的經驗，合併其他金融機構，從十信合併台北六信、八信、十六

〔註78〕 00－85－86－100－6，〈板橋信用合作社 86 年度 5 月份第 4 次臨時會，討論事項第 4 案〉（1997 年 5 月 27 日）。

〔註79〕 00－47－86－100－1，〈板橋信用合作社 86 年度第 1 次臨時社員代表大會，討論事項第 2 案〉（1997 年 6 月 4 日）。

信，合庫承受台北十信，大多能得到不錯的利益；板信亦因概括承受永和信用，擴大了營業區域，使日後有不錯的發展。所以板信過去是金融合併案例的受惠者。

板信在存續期間，一直都有穩健、良好的業績。信用合作社的經營，受限於當時的法令及環境，相關的法律沒有放寬前，短時間內實在難以有大幅度的突破。劉炳輝是板信第 4 任理事主席，就任時是 4 位理事主席中，年紀最輕的一位。就職時，年方 42 歲，正值壯年。為板橋劉家第 3 代，與父兄經營大順建設，擔任公司董事長。在事業有成之後，被選任為理事主席之職，亦自我期許要為板信的經營，作出最大的貢獻。

第 2 任任滿前，適逢信用合作社法公布，接著信用合作社改制標準與辦法亦隨後頒布，而板信又為改制呼聲最高的信合社之一。劉炳輝躬逢其盛，自然以將板信改制成商業銀行為己任。第 3 任確定連任後，板信在他領導下，積極的籌畫、進行改制工作。當改制申請正進行中時，在主管機關強力建議下，若能併購高雄地區的信合社，能發揮如民國 60 年合併永和信用的效應，將改制後的業務區域，擴展至台灣西部地區經濟最繁榮的區域，讓板信在競爭激烈的環境中，經由改制、合併等策略，擴大業務及經營規模，而後站穩腳步，是劉炳輝認為他能為板信作出的最佳貢獻。

2. 受讓高雄五信的疑慮

受讓高雄五信，能獲得誇區經營的這項模式，大部分的理監事並不否定，所以在 86 年 5 月 27 日理事會討論事項的議案中的第 4 案「……如有其他金融機構願意合併或概括讓與資產負債及營業與本社時，授權理事會全權處理」乙案，會中並無反對的意見。但在高雄五信、十信擠兌事件後，對合併案，理、監視中即有不同的顧慮與遲疑提出。疑慮最主要的幾點是：

（1）對高雄的人文、環境不熟：「板信」在北部地區擁有很好的知名度，但在高雄地區有多少人認識板信？各地的信用合作社，在當地各擁山頭，板信按原有信合社的經營模式，若準備不足，短期間內難以在當地立足穩固。

（2）幹部不足，「板信」原有幹部，於單純改制為區域銀行這個方案中，人力綽綽有餘，現在要立即承接營業單位比「板信」多的「高雄五信」，人事安排上，就顯然難以調配。

（3）高雄五信原有人事的處理，分行經、副理的任免，如何扭轉原有員工的向心力等，就是很高難度的工作。

（4）虧損的金額到底真實額度是多少？承受前派員評估損失約 30 億元，是否確實？有沒有隱藏性損失未被發現？主管機關的承諾是否會實現？等等問題都尚未釐清，倉促間就決定承受，風險過高。〔註80〕

板信的這些疑慮，也並非「無的放矢」，合併後的數年間，始終困擾著板信商銀的經營。從板信改制前 5 年，及改制為板信商銀後的報表，就有很明顯的差異，以催收款、承受擔保品、盈餘的變化最大。龐大的呆滯資產浸噬了大量的營收（如表 6－3－2；6－3－3）。從 2 表中，可以清楚的看出，改制前、後的重大變化。板信商銀成立後 5 年的催收款、承受擔保品，較板信時期暴增十幾倍，大部分利潤幾乎被無收益的資產及備抵呆帳所吞蝕了。故板信承接高雄五信可謂損失不貲。而且主管機關的口頭承諾，也多未能實現。

表6－3－2：板信商業銀行催收款、承受擔保品、盈餘統計表

單位：千元

年　度	催收款	承受擔保品	備抵呆帳	盈　餘
86	5,365,203	1,069,728	72,479	9,350
87	5,615,745	948,280	445,491	131,990
88	4,482,639	2,224,183	399,253	306,598
89	4,718,211	2,980455	406,499	90,169
90	7,377,427	3,151,172	607,012	114,417

資料來源：依據板信商業銀行編，〈板信商業銀行年報〉86 年～90 年。

表6－3－3：板橋信用合作社催收款、承受擔保品、盈餘統計表

單位：千元

年　度	催收款	承受擔保品	備抵呆帳	盈　餘
81	14,716	0	147	565,756
82	25,711	0	257	650,291
83	22,643	0	226	708,755
84	71,389	12,288	713	722,873
85	379,025	32,378	3,709	721,103

資料來源：依據板信編，〈板橋信用合作社業務報告書〉81 年～85 年。

〔註80〕 由劉炳輝、邱明政、陳錦成訪談記錄整理。

（三）合併的過程

板信與高雄五信的合併案中，許多地方顯示著主管機關的強力的運作與板信的無奈。合併之議，最早應在 86 年 1 月 8 日，中央存款保險公司檢查高雄五信後不久。而板信正好在 10 天前提出申請案，且有股金 60 億元，資本公積 2,727 萬元，保留盈餘 19 億 7,459 萬餘元，淨值超過 80 億元以上。〔註81〕如此身價，很難不引起主管機關注意。整個合併案日後的發展，有許多現象，讓人相信主管機關很早就對板信提出合併其中乙家信合社的建議。

對高雄 2 家信合社弊案的處理，由於弊端金額龐大到已經無法「重整」的地步，所以主管機關發現弊案，就朝由其他金融機構合併的方案處理，而未依〈銀行法〉明定的罰則，〔註82〕對 2 家信合社作出罰金或撤換負責人或經理人的嚴厲處分。

板信合併高雄五信的程序從擠兌前就開始了。

1. 86 年 5 月 27 日，板信理事會通過，授權理事會全權處理與其他金融機構合併的議案，並於 6 月 4 日提第 1 次臨時社代會通過同意該案，先行留下合併的伏筆。一個星期後，高雄五信、高雄十信弊端的消息曝光。板信又數次派員赴高雄五信評估。

2. 7 月月 9 日，財政部正式核准板信的改制案。板信、高雄五信的合併案，板信理、監事 5 度召開座談會後，均不願貿然作出決議，合併案一直懸而未決。

3. 86 年 7 月 28 日，板信理事會正式議決通過受讓「高雄五信」全部營業及資產、負債案。〔註83〕當天，板信特地為「五信案」召開理事會，於 5 點 30 分就作出議決，戲劇性的通過合併案，正式的會議紀錄裡只有簡單的記載。但是從其他的資料及紀錄中，卻可以了解當天決議的反覆情形，及主管機關的著力甚深。

依據各項資料得知，當天 4 點板信的理事會，並未作出合併高雄五信的決議。主管機關透過管道瞭解會議的決議後，財政部高層立即召集會議，研商板信與高雄五信合併案的問題〔註84〕。並派請金融局經管信用合作社的曾

〔註81〕板信編，〈板橋信用合作社 85 年度業務報告書〉，1986 年。

〔註82〕台灣省合作事業協會編印，《合作法令輯要彙編》，頁 58。

〔註83〕00－85－86－100－6，〈板橋信用合作社 86 年 7 月份第 3 次理事會紀錄‧討論事項〉（1997 年 7 月 28 日）。

〔註84〕〈新聞幕後　先上車後補票　財部背書〉，《經濟日報》，中華民國，1997 年 9 月 4 日，04 版。

姓組長及張姓專員親臨板信。2 人於當晚十點多到板信，要求劉炳輝重新召集理事會議。經過緊急通知理監、事與會，會議在次日近 3 點左右才結束。

會中，與會的主管人員一一說服對合併案有質疑的理、監事，並提出數項解決問題的相對優惠條件。在解除所有疑慮後，板信理事方同意合併案。並將會議作爲 7 月 28 日之延續會。〔註 85〕這次會議中的所有決議事項與承諾，與會主管機關人員均以「可作不可說」的原因，所以未作成書面紀錄，到會也未簽名，亦未依板信慣例錄音存證。〔註 86〕

依與會理監事之記憶，到會的金融局人員提出的解決方案有：

1. 對「高雄五信」承接案，在資金周轉上，可以提供 100 億元以上低利資金供板信運用。

2. 約 30 億元之虧損，財政部同意分 20 年攤銷。

3. 高雄五信原有分社，部分不符成本效益的單位，財政部同意板信可以分年遷移適當地點。

4. 板信可跨區經營，成爲準全國性商業銀行。

在主管官員的強力勸說及提出的數項優惠條件的誘因下，與會理事們相信主管機關官員口頭上的承諾，遂決議通過承受「高雄五信」。

決定合併案後，板信於 86 年 9 月 19 日召開第 2 次臨時社員代表大會，報告 9 月 30 日爲變更組織爲「板信商業銀行」掛牌基準日，追認於 9 月 3 日理事會與高雄五信簽訂受讓契約書等事項，完成合併必要程序。〔註 87〕其後改制程序就很順利進行。

〔註 85〕 00－85－86－100－6，〈板橋信用合作社 86 年度理事座談會紀錄，討論事項〉（1997 年 8 月 28 日），「本社基於業務需要及維持金融穩定，擬訂於 86 年 9 月 3 日（星期三）與高雄第五信用合作社簽訂契約書，並訂本社受讓高雄五信社員股金退還細則及員工退職、退休、資遣給付細則」討論案，結論：「俟財政部允諾本社受讓高雄五信相關優惠條件，以正式公文或提供確認內容之書面資料後在定奪」。及〈板信商業銀行股份有限公司（設立前）第 1 屆第 6 次董事會紀錄，討論事項第 1 案〉1997 年 9 月 11 日，「改制後本行相關業務規章說明」審議案，討論內容：(5) 邱董事明信提議：「記得某次臨時會討論接收高雄五信乙案，該次會接近凌晨 3 時才結束，會議中多數理事提出接收高雄五信應向財政部要求相關優惠條件，並表示多項寶貴意見，但卻未列入紀錄，讓財政部瞭解各位理事心聲以及未來經營困境，……」。

〔註 86〕 參見陳錦成訪談紀錄。

〔註 87〕 00－47－86－100－1，〈板橋信用合作社 86 年度第 2 次臨時社員代表大會紀錄〉（1997 年 9 月 19 日）。

不過改制為板信商銀後，7月28日曾與會主管官員的承諾，日後似乎多未實質履行。100億資金從未到位，30億元之虧損，也被要求盡速從每年盈餘中打消，高雄地區的分行遷移也被重重限制。結果，事後的發展未如預期，外界的質疑不斷，卻都由劉炳輝承擔這些責任，板信多位與會的理事多認為，他在這件事上受到了極大壓力及委屈。〔註88〕

（四）板信受讓高雄五信條件

板信理事會通過受讓高雄五信後，整個受讓案作業就非常迅速的進行。9月19日板信召開第2次臨時社代會通過所有改制的相關議案，並追認於9月3日理事會與高雄五信簽訂的受讓契約書，及決定以9月29日為高雄五信讓與的基準日，完成合併的必要程序。

板信受讓高雄五信的契約裡的重要條件為：

1. 高雄五信「將全部營業及資產、負債」讓與板信。
2. 除概括承受高雄五信的資產、負債外，板信退還社員股金。依受讓契約，板信應退還原高雄五信社員的股金計1,056,964,612.80元：〔註89〕
3. 退還高雄五信社員所擁有之股金中，不包括理、監事（含卸任未滿2年之理、監事）及經理人以上幹部所有之股金。
4. 員工之退休、退職及資遣費用之協議。〔註90〕

三、受讓高雄五信的代價

板信概括承受高雄五信，理事會已有支付代價的預期，依中央存款保險公司檢查報告的30億左右的虧損金額，應為板信最大的容忍範圍。但這30億元只是催收款項可能的損失，雖然板信數次派人員南下高雄實地評估，但人力與時間都有限，僅止於金額較鉅的案件，其他112億餘元的正常放款、及11億餘元的承受擔保品的部分，則難以全面評估。高雄五信到底有多少隱藏性的地雷在內，這是板信理事會最在意的問題。另外接收高雄五信後，在短期內需要償還，高雄五信遭受擠兌時，為彌補資金缺口，向合作金庫借貸的

〔註88〕參見邱明政、郭道明、陳錦成訪談紀錄。

〔註89〕〈板信商業銀行股份有限公司第1屆第10次董事會紀錄，討論事項第9案〉（1997年11月3日）。「為退還原高雄一般社原之股金」案，說明四。

〔註90〕00－47－86－100－1，〈板橋信用合作社86年第2次臨時社員代表大會‧追認事項〉1997年9月19日。附件：板信受讓高雄五信「契約書」第2、3條文。

近 95 億元的資金（見表 6－3－4），如此龐大的金額，是否影響會板信自己的財務周轉，也是理事會考慮的重點。

表 6－3－4：86 年 9 月 29 日高雄市第五信用合作社簡易資產負債表

單位千元

資產項目	金　額	負債及社員權益	金　額
庫存現金	355,538	短期借款	9,450,000
其他流動資產	6,559,852	其他流動負債	1,759,611
貼現及放款	11,339,552	存款及匯款	15,574,916
減：備抵呆帳	－113,373	其他負債	1,686,055
基金及長期投資	8,518	資本	5,000
固定資產	878,093	資本公積	102,224
催收款	6,943,597	保留盈餘	352,807
減：備抵呆帳	－69,436	純益或純損	~161,749
承受擔保品	1,128,099	－	－
其他資產	1,738,424	－	－
合　計	28,768,864	合　計	28,768,864

資料來源：依據〈板橋信用合作社受讓高雄市第五信用合作社移交清冊·會計室〉（86 年 9 月 29 日）整理。

（一）會計師對高雄五信的評估

板信為了真實瞭解高雄五信的資產、負債的情況，除了派遣自己的員工南下評估外，同時委請安侯會計師事務所，對高雄五信 86 年 9 月 29 日的淨資產，進行評估核閱，將損失的金額轉列為商譽處理，以作為改制後逐年分攤的依據。

會計師對板信接收高雄五信的資產評估，採用 2 種不同的評估方案進行。

1. 以收購成本與真正資產公平價值的評估

高雄五信的資產，會計師核閱後資產、負債的差額，以帳面價值，與評估後的公市價相比，為（負）－1,639,287,273 元（見如表 6－3－5），加上應退股金 1,308,162,012 元，合計應轉列商譽總金額計新台幣 2,947,449,285 元處理（見表 6－3－6）。〔註 91〕

〔註 91〕〈板信商業銀行股份有限公司第 1 屆第 26 次（臨時）董事會紀錄，建議事項：劉董事長答（1）〉（1998 年 6 月 10 日）。

表 6－3－5：86 年 9 月 29 日高雄五信經核閱評估資產、負債帳面價值
　　　　　與公平價值　　　　　　　　　　　　　　　　　單位：千元

資　產	帳面價值	公平價值
流動資產	6,891,814,645	6,879,151,358
放款淨值	10,206,956,788	10,206,956,788
長期投資	3,516,400	6,764,176
固定資產	853,643,200	1,006,168,210
其他資產	9,119,702,178	5,958,369,167
資產總計	27,075,633,211	24,057,409,699
負　債	帳面價值	公平價值
流動負債	10,111,854,147	10,111,854,147
存　　款	15,574,915,547	15,574,915,547
其他負債	9,927,278	9,927,278
負債總計	25,696,696,972	25,696,696,972
淨資產	1,378,936,239	（1,639,287,273）

資料來源：依據安侯協和會計師事務所編，〈保證責任板橋信用合作社受讓保證責任
　　　　　高雄市第五信用合作社資產負債專案核閱報告〉（86 年 9 月 29 日），頁 4
　　　　　整理。

表 6－3－6：會計師依據財務會計準則評價的商譽金額

成　本	金額（元）
應退還社員（不含理監事、經理人）之股金	1,113,912,595
直接成本	174,249,417
小　　計	1,308,162,012
減：淨值之公平價值	（1,639,287,273）
商　　譽	2,947,449,285

資料來源：〈保證責任板橋信用合作社受讓保證責任高雄市第五信用合作社資產、負
　　　　　債專案核閱報告〉，頁 5。

2. 針對最重要的 3 項資產所做評估

（1）對正常放款科目的評估

會計師對高雄五信正常放款，經綜合評估。認為 9 月 29 日帳列的放款淨值計 10,206,956,788 元，未發現重大不符或異常情事，所以會計師評估 9 月 29 日放款之帳面價值（公平市價）為 10,206,956,788 元（見表 6－3－5）。〔註 92〕

（2）其他資產評估

其他資產最重要的項目為催收款項及承受擔保品。9 月 29 日當天其他資產科目的項下有（見表 6－3－7）：

催收款項：主要係逾期 6 個月以上或收回性較低之放款，會計師評估結果，催收款項公平市價為 4,919,261,308 元。

（3）承受擔保品：主要係承受催收借款戶之擔保品，為抵償債務，擔保品經法院公開拍賣，其拍賣價格已低於市場價格以下，由銀行先行承受，待價格回穩，再以市價出售，避免損失過度。高雄五信之承受擔保品，會計師採用專業鑑價公司之鑑估價值，來衡量公平市價，其價格核閱為 938,627,021 元。〔註 93〕

因此，依會計師核閱評估之催收款項，及承受擔保品的帳面價值與公平價值之差額為：帳面價值 9,119,702,178 元－（減）公平價值 5,958,369,167 元＝（負）3,161,333,011 元。

表 6－3－7：高雄五信其他資產項目評估　　　　　　單位：千元

其他資產	帳面價值	公平市價
存出保證金	75,504,731	75,504,731
催收款項淨額	7,891,122,573	4,919,261,308
承受擔保品	1,128,098,767	938,627,021
暫付及待結轉帳項	398,493	398,493
其他遞延費用	24,577,614	24,577,614
合　　計	9,119,702,178	5,958,369,167
差　　額	－	－3,161,333,011

資料來源：依據安侯協和會計師事務所編，〈保證責任板橋信用合作社受讓保證責任高雄市第五信用合作社資產負債專案核閱報告〉整理。

〔註 92〕安侯協和會計師事務所編，〈保證責任板橋信用合作社受讓保證責任高雄市第五信用合作社資產負債專案核閱報告〉（1997 年 9 月 29 日），頁 8、9。
〔註 93〕安侯協和會計師事務所編，〈保證責任板橋信用合作社受讓保證責任高雄市第五信用合作社資產負債專案核閱報告〉（1997 年 9 月 29 日），頁 11、12。

　　板信對概括承受高雄五信的損失金額，因各方評估有很大差別，經會計師以 2 種不同方案的評估後，估算承受高雄五信的損失約 30 億。最終板信以會計師簽證後的額度，新台幣 30 億元，轉列為商譽，分 20 年攤銷，每年分攤 1.5 億。

（二）板信改制與合併的效益

　　板信在主管機關強力背書及安排下，順利的改制為板信商業銀行，及合併高雄五信，成為誇越北高兩地的地方性銀行，朝一般商業銀行發展，板信董事會及董事長席劉炳輝的理想，已向前跨出了一大步。

　　這次的合併案，讓板信商業銀行的業務區域，超越改制辦法許可的，以總行所在地鄰近 3 縣市，一下子跨越中部地區，達成在台灣北、高兩地商業最繁榮地區的 6 縣市內，有 24 個分支機構的商業銀行。這次合併高雄五信，與板信相關的人士，常以民國 60 年合併永和信用的案例作比較。因兩案的時空背景不同，故無法作客觀比較，很難於以論定，好壞全由評論者的主觀見解作評論。如以兩個案例的主觀比較（見如表 6−3−8），這次的合併案似乎未達成預期目標。

表6−3−8：板橋信用合併永和信用與合併高雄五信比較

金額單位：千元

合併 永和信用	板信 59 年底 之社員權益		接收 成本	比率 %	接收的 分支單位	業務區域 的擴張
	股金	公積及盈餘				
	3,061	644	1,170	31.57	1	台北縣 4 個 縣轄市行政區域
合併 高雄五信	板信 85 年底 之社員權益		接收 成本	比率 %	接收的 分支單位	業務區域 的擴張
	股金	公積及盈餘				
	6,000,000	1,974,594	2,947,449	36.96	13	台北、高雄地區 6 縣市

資料來源：依據板信編，〈板橋信用合作社社員代表大會議案〉（1970 年 1 月 31 日）
　　　　　　及〈板橋信用合作社 85 年度營業報告書〉（1996 年）整理。

　　如依表 6−3−9 合併以後，經過十餘年後南區業務成長，並未能發揮原來預期的效應。探究其原因，最主要在於改制後未及 1 年，國內金融環境劇

烈改變。從 87 年底起，台灣金融業即發生本土性金融風暴，嚴重影響國內的金融業，許多銀行發生嚴重虧損，尤其基層的信合社及農會信用部。〔註 94〕爲挽救這種惡劣的情勢，民國 90 年 7 月，政府成立「金融重建基金」，編列龐大的預算，整頓經營不善的金融單位，金融次序才逐漸恢復。但好景不常，接著在 94 年左右，台灣又發生雙卡風暴（信用卡、金融卡），許多金融機構二次陷入經營危機，〔註 95〕好幾家新設立的民營銀行及由信合社改制的銀行，都未能逃過被接收合併的命運。

　　87 年以後台灣的金融環境，已如上述。眾多的原因互相參雜在一齊，板信合併高雄五信後，績效未如預期，到底真實情況爲何，已經很難用客觀的情勢去釐清。以地方性的基層金融是否適宜如此大幅度跨區經營，這個議題卻未曾受到外界人士的質疑與討論？因爲其後台灣金融的整頓，合併案成爲財政部處理不良金融單位的重要措施，同爲地方基層金融改制的誠泰銀行、陽信銀行也在改制後合併多家信合社。

　　對誇區經營，板信內部的成員曾做過非正式的檢討過，一般認爲跨區合併政策是對的。90 年時，板信商銀又再承受彰化一信，過程順利。高雄五信合併案不如預期，有人認爲最大因素在於：

1. 合併時機過早，合併案是以板信自有資金去承擔全部損失，如果在金融重建基金成立後，再進成合併可以減少損失。〔註 96〕

2. 合併案未作充分準備，板信合併高雄五信乙案，是在板信提出申請後，經財政部強力主導下的結果，完全在板信改制案的規畫之外，改制前所有的準備工作、人員訓練，並未涵蓋合併案在內，所以原有計畫在合併後，無法充分支應南北兩個業務區域的需求，致各方面顯現出捉襟見肘的困境。〔註 97〕

　　由於改制後的這 10 多年中，台灣的金融環境如此惡劣，板信商銀的經營也十分辛苦，但板信商銀董、監事及董事長劉炳輝等，仍堅信改制及合

〔註 94〕〈本土性金融風暴　山雨欲來〉，《經濟日報》，中華民國，1998 年 9 月 25 日，04 版，金融要聞。
〔註 95〕〈10 月信用卡逾放比多家逼近監控邊緣〉，《聯合報》，中華民國，2005 年 11 月 25 日，B3 版，理財。
〔註 96〕應翠梅撰，〈行庫承受基層金融機構，價位有爭議〉，《經濟日報》，中華民國，（2001 年 8 月 27 日，6 版金融）。
〔註 97〕參閱劉炳輝、邱明政、陳錦成、郭道明訪談記錄後整理。

併高雄五信的決定是對的。雖然現今金融競爭的環境依然十分嚴峻，但板信商銀全體股東及董、監事暨員工依然認真、堅強的向前挺進，不斷的調整自己腳步，期望先站穩腳步後，在未來數年內，能在穩定中締造過去的榮光。〔註98〕

表6－3－9：板信商業銀行高雄地區分行存、放款比較　金額單位：元

比較日期	分行	存　款	放　款
86年9月29日	13	15,574,915,547	10,206,956,788
98年1月5日	8	18,784,669,921	8,312,215,261

資料來源：98年1月5日存、放款資料由後埔分行提供整理。

〔註98〕參見劉炳輝訪談紀錄。

第七章　結　論

　　台灣近代的金融歷史，是日本統治時期，日總督府引進近代歐化的銀行體制開始的；同時又接受西方的合作理念，建立合作組織型態的信用組合，來推動台灣地方的平民金融。台灣的金融體制，經過近百年的演化，各地的信用合作社，曾在台灣的金融體系中，占有非常重要的地位。

　　「信用合作社」是我國的法定名稱，日本通稱為「信用組合」或「信用金庫」。日治初期，台灣金融資源非常缺乏，只有少數日人企業能獲得銀行資金融通，一般台灣人或日本民眾，則飽受高利貸之苦。台灣總督府為發達台灣的資本主義，認為有必要建立一般的金融體制，遂引進合作體制的「產業組合」，於大正 2 年（1913）在台灣實施「台灣產業組合規則」。信用組合受到台灣總督府的支持、扶助，及平民百姓的需求，各地紛紛組設專兼營之信用組合，台灣金融界於是產生了一個新的金融勢力。

　　台灣信用組合或兼營信用組合最發達，初在城市組織，不久即深入農村。台灣的專兼營信用組合，因為受到官方的獎勵所以快速發展。大正二年底（1913）時，只有信用組合 13 社（單位），到了昭和 16 年（1941）底，各專兼營信用組合數已有 445 社。〔註1〕當時，信用組合在台灣金融界的地位，超過了日本本土的信用組合，也優於朝鮮。究其原因，主要是台灣農村經濟的繁榮，所帶動台灣工商經濟的發達。

　　昭和 18 年（1943），日本在太平洋戰爭中，節節失利，國力衰竭。為加強農村經濟及金融統制，台灣總督府乃將全台的農村產業組合（兼營信用業

〔註 1〕台灣的產業組合中，最發達的是兼營信用業務的組合，昭和 16 年底，全島 496
　　　　個單位裏，未兼營信用業務的產業組合僅有 51 單位。

務）與農會合併爲「農業會」，並頒布「市街地組合法」，來發展城市的信用組合。日後，遂形成台灣都市信用合作社，鄉鎮農會的二元化信用合作型態。

　　戰後，中華民國政府接收、改組台灣的各類金融機構，從民國35（1946）年11月起，將日治時期的信用組合，依現狀分兩方面進行改組：

一、將原併入鄉鎮農業會經濟部門的信用組合，改組爲兼營信用業務的鄉鎮合作社。

二、將原有各城市的信用組合，分別改組爲專營信用合作社或兼營信用合作社。

　　民國38年7月，政府爲發展農業經濟，再度命令將各地兼營信用業務的鄉鎮合作社與農會強制合併，改組爲鄉鎮農會之下的信用部，以辦理農業信用業務。從此，台灣只剩下各城市的信用合作社。

　　板橋市位於台北盆地中部偏南，約當台北縣中部略西之位置，一望平川，總面積爲23.4221平方公里。清領中葉，因新莊河岸水深，大戎克船（帆船）可泊，自然形成物資集散地，盛極一時。枋橋地區所需民生物質，多仰賴新莊供應，故開闢板橋西方通往新莊的道路。路出城西門，有夫人圳，乃在圳上架設木板橋，連接通往新莊的道路，木板台語曰「枋」，故稱此地爲「枋橋」（板橋舊街）。日治時期，大正9年〈1920〉10月，總督田健治郎改制，仿照日本行政區域，將「枋橋街」改爲「板橋庄」。此後，「枋橋」就改稱「板橋」。

　　清末，林本源家族於咸豐3年，舉家遷板橋，出資建枋橋城堡，多數漳州人便遷移至板橋。移居者日增，遂逐漸形成街衢。日治之後，林本源家族，多先後內渡，枋橋街市況遂日漸衰微，不復從前。戰後，台灣經濟成長日盛，大量人口遷移到大台北區，板橋因北鄰萬華，成爲台北市重要衛星都市，才再度復甦、繁榮。

　　戰後，板橋地方家族力量有明顯的轉變。清末與日治時期以林本源家族爲主的家族力量，到了戰後「林家」幾乎完全搬出板橋。地方上的領導地位轉化成以劉、邱、郭三個家族爲主導的局面。光復後，板橋的農業機能急遽衰退，這些農用土地正好興建房屋，接納了台北市外溢的人口，讓板橋的建築業蓬勃發展，許多原有地主，開始以土地創造財富。戰後的板橋三大家族舊街邱家、浮州劉家、江子翠郭家，多以營建業起家。

　　板橋地區最早設立的銀行，是大正7年10月（1918），在板橋設立的彰化銀行板橋支店，初爲枋橋出張所。板橋信用組合則創立於大正7年，比彰化銀行要早。日治時，中小產業欲取得生產所需資金非常困難，故由當時任

板橋庄長林清山與有志者所共謀創立的，組合長由林清山擔任，專務理事（總經理）爲徐朝鳳。1944 年初，併入板橋農業會。戰後，改組爲板橋鎮農會信用部，板橋地區小企業及一般民眾，遂失去融資管道。

　　爲確保台灣金融的穩定，政府遷台後，嚴格限制金融機關的設立，信用合作社亦不准增設新社。39 年，台灣省行政區域調整重劃，新設宜蘭、台北、苗栗、南投、台南、高雄縣及陽明山管理局等 7 縣局。這 7 個新設縣局政府所在地，皆無信用合作社的組織，對於一般平民階級、小工商業者資金的融通，有諸多不便。有鑒於日治時期，信用組合對地方的貢獻，地方人士乃不斷陳情，請准籌設信用合作社，各縣市政府及地方議會議也屢次建議。行政院乃於 44 年 10 月准許未設信用合作社的新設縣局政府所在地，每縣局可先准設立信用合作社一處試辦。案經明令實施後，各該地方人士，紛紛積極的進行籌備。

　　民國 36 年，台北縣治遷至板橋鎮。依規定准許新設信用合作社一處。在40、50 年代，台灣依然處於外匯短絀，民間資金不足，利率水準偏高的環境，企業融資困難，這是當時工商業最困擾的事。所以該案通過後，板橋市有心之士，乃多方奔走，積極爭取，經年餘之籌備，終得以事成，創立板橋鎮信用合作社。

　　板信創立的發起者，地方人士一致認爲首倡者是板信創辦人邱榮隆。邱榮隆曾任板橋鎮鎮民代表會主席，時任第 5 屆鎮代表會主席。板信的籌設工作，並非一開始就很順遂的展開，地方人士有些遲疑。50 萬元的股金，是讓大家最猶豫的關鍵。當時一般家庭每月收入僅新台幣 2、3 百元，無力認繳 1股 100 元的股金，故募股工作十分艱難。事經籌備會全體委員的不斷努力，加上省主管機關及台北縣政府之關心與熱心指導，激發籌備委員的勇氣與信心，經不斷努力，終於民國 46 年 4 月 25 日召開創立會。創立時，板信的社員人數僅 580 人，股金勉強籌足 50 萬元，其中社員所認股金僅佔股金總額 44％，其餘 56％之股金皆由 16 位創社理、監事共同承擔籌足。

　　板信在信用合作社同業中，屬於後起之秀。因經營得法，板信屢次獲得主管機關的肯定，獲頒「內政部優良獎」。民國 59 年，永和鎮信用合作社（簡稱永信）經營發生困難時，板信受命概括承受「永信」。藉由這次契機，經主管機關核准，業務區域擴及中、永和、土城，涵蓋 4 個鄉鎮，打破主關機關對信用合作社業務區域的限制。這 4 鄉鎮因人口增加，市容繁盛，先後改制

為縣轄市。板信的社、業務亦隨之快速成長，僅存款一項，即有超過 3 萬 7 千餘倍的懸殊成長比例。它的組織系統也為了因應快速成長的變化，不斷隨著作重大的調整與擴張。

　　板信的組織系統，可以劃分為決策組織，與業務組織。決策組織又分為法定組織與自設組織兩種。決策組織為信用合作社的權力機構，關係各社經營的成敗，所以政府法令有嚴格規定。各社必須依法設立的，有一、社員大會（或社員代表大會）。二、理事會。三、監事會。四、社務會。

　　自設組織則由各社在合法範圍內，可依本身需求自行設立。在板信決策組織中，除法定會意以外，尚自設了 2 個常設性的重要委員會及 2 各附屬的合作教育機構。

一、放款審核委員會，原為自設組織，財政部接管後命令各社必須依法成立，遂成為法定會議。

二、新進人員考試委員會

三、附屬商業技能補習班及附屬幼稚園：

　　（一）板信附設商業會計短期職業補習班

　　為了推行合作教育，宣揚合作要旨，使社員或顧客其子女能獲得進修商業上之技能，在 48 年社務會，通過附設商業會計短期職業補習班，前後共開設 8 年。

　　（二）板信附設幼稚園董事會及幼稚園

　　民國 51 年，板信為推廣合作教育，提高社員及顧客之幼童，認識團體生活及基礎學識，經社務會決議，開辦附設幼稚園。8 月董事會奉准成立，9 月舉行開學典禮，正式開啟「板信幼稚園」36 年的歷史。

　　板信前後有 4 位理事主席，決策組織的運作，因為每位理事主席的認知及處事風格不同，各有不同的模式。創社理事主席邱榮隆，曾任板橋鎮代表會主席，為人圓融、和諧，善於協調，喜歡集思廣益，故重大決策多於社務會議定。第二任林平賜，為公務員退休，因只擔任一屆理事主席職務，故決策方式未做重大變革。第三任為邱明政，亦長於協調，並主張遵守法令規定，故將各自設組織回歸理事會之下，重要決策多於理事會中決定，重大事務則另主委員會處理。第四任劉炳輝，認為板信的自設委員會的成員多由全體理事組成，等同於召開理事會，實無必要，遂與理事共識，議事以理事會為主，決策於理事會中議決。邱榮隆、邱明政父子擔任板信理事主席職務共計 33 年，影響板信最大、最深。

　　業務組織則爲信用合作社，爲推展各項社、業務需求設立的，組織型態不一。業務是各社存在、成長的動力，各社爲追求最佳之績效，無不精心規劃，設計合乎自身所需的系統架構，故型態不一，各社互異。

　　板信業務組織系統的變動，則與社、業務的成長，及人事規模的增加相關聯。在 40 年的歷史中，業務組織變更多達十餘次，其中重大的變革有：

一、分成三大部門的組織系統：信用合作社業務依法由經理統轄，民國 65 年板信已有 6 家營業單位，具相當規模，爲了有效管理，理事會議決修訂業務組織系統，增加管理部門，並將全社部、室、分社分成管理部、營業部、業務部 3 個大的部門，由 3 位副理分擔任 3 個部門主管，加強授權，以爭取績效。這次改組乃因人設事，旨在發揮 3 個副理個人之才能。

二、實施總經理制：爲了加強各項社、業務效益，及順應現代企業管理趨勢，增加各級主管的授權。70 年經社員代表大會通過組織調整，提升經理制改爲總經理制，其目的在：

（一）業務系統正式實施「總經理」制，增加各級主官的授權。

（二）將管理系統由經理——部、室、分社主任二級制，改爲總經理——處長（副總經理）——部、室、分社經理的三級制。

（三）總經理以下，分管理處、營業一處、營業二處，三大處，管理處監管總社各部室，營業一、二處平均分別督導各分社業務。在合作社相關法規中，與經理同列的文書、司庫、會計 3 個職位被虛級化，由同性質的職位取代或兼任。這個組織系統具前瞻性及彈性，從 70 年起至改制爲商業銀行止，中間相隔 16 年，板信的業務組織未再作重大型態的變革。

　　信用合作社不只業務項目被限制，業務區域及分支機構設立，都須經過主管機關核准。而這三項在主管機關嚴格控管下，未經核准，是不容逾越的界線。板信原核准業務區域僅有板橋市一地，民國 60 年之前，只設立了總社及儲蓄部 2 個營業單位。受命概括承受永信，將其改爲永和分社。突破政府對信用合作社業務區域限制的規定，使業務區域得擴大爲板橋、中、永和及土城 4 鄉鎮，這是一個特例，對板信日後的發展至關重要。這 4 鄉鎮爲台北縣的精華區域，隨著台灣經濟發展，4 鄉鎮先後改制爲縣轄市，4 市的發展與繁榮，對板信社、業務成長有密切關聯。

　　信用合作社的組織規模，營業單位多寡是一個衡量的項目。板信營業單位的申設，自 62 年至 65 年獲得到財政部先後核准設置 3 家分社，共 6 個單

位已具相當規模。卻於 66 年發生永和弊案，使板信被監管數年，中斷了分社申請的資格。其後分社申請辦法數次改變，板信因所在地關係，被歸屬為縣轄市信用合作社。直至改制前，只能設置 11 個營業單位，這項限制嚴重影響板信社業務的發展，雖然每個營業單位的平均存、放款業務及盈餘績效等，都是同業中最佳的成績，但規模在信用合作社同業間的排名，始終無法領先業界，與營業單位受限，不能在業務區域內充分設置分社有關。

　　人事規模是支撐企業組織系統的元素之一。板信開幕時，有員工 9 名，其中經、副理為兼職，工友 1 名，實際職員 6 名，人事簡單。隨著社、業務成長，組織擴大，人力需求增加，為了實際需要，板信不斷增加員工。信用合作社除了受到地方派系介入經營的弊端外，在部分同業人事靡爛也常受到批評。為了能杜絕這項弊端，板信晉用員工採公開招考方式擇優錄用，並設置新進人員考試委員會，主持人員考試工作。這項措施有效杜絕人事紊亂的問題，一直施行到改制後。

　　板信並不特別重視學歷，但人員經由考試錄用，素質平均，工作效能高出同業，所以板信用人相當的節約，改制前一年，員工總人數只有 440 名，相對低於同業許多。以 85 年的存、放款及盈餘等項目作比較，板信員工的績效，相較於排名前 6 家同業人員平均的生產力，每一位員工的平均工作量：存款項目高出 27%，放款高出 38%，盈餘則多出 86% 的績效。

　　信用合作社的業務受到主管機關嚴格管制，但亦給於保護。信用合作社的業務只能承辦：一、存款，二、放款，三、代理收付款項等 3 項，對象為社員。放款則以貸放社員生產上、製造上必要之資金為限。存款經主管機關核准，得收受非社員存款，非社員存款額最高額，以不超過社員已繳股額、保證金額〔註2〕及公積金之總數。主管機關除了管制業務外，相對的亦給予信用合作社 2 項保障：
第一項：為免繳營業稅，依 74 年的營業稅法，各金融業的營業稅稅率為百分之五。〔註3〕這對信用合作社的財務，已經有很大的保障。

〔註2〕台北市政府財政局編印，《合作金融法令彙編》，頁269；參見：內政部55／8／5台內社字第二一〇九二六號令「信用合作社收受非社員存款最高限額計算公式，……非社員存款最高限額＝以繳股額＋保證金額（已繳股金總額×保證倍數10）＋公積金」。「板信」章程第三條：「……各社員之保證額為其所認股額之十倍……」。

〔註3〕立法院法律系統〈http://lis_ly_gov_tw/lgcgi/lglaw?@@846930886〉。

第二項：剩餘資金轉存合作金庫，信用合作社之餘裕資金，依法令應存放台灣省合作金庫，短絀時，由台灣省合作金庫融通。這讓各地信用合作社的在吸收存款時，無後顧之憂，各社無不卯足勁的吸收存款，擴大規模。以板信83年底的資金存於合庫定期性存款，即占總存款的28％以上。〔註4〕

　　金融機構最重要的資金來源就是存款，板信對存款的推展自始至終都不遺餘力。創立初期，競爭力不強，企業存款無法爭取，存款業務乃從一般銀行較忽視的個人儲蓄存款開始推廣。開業後即動員全體理監事、員工針對儲蓄存款展開「勸募存款」，大力吸收存款，以獎金、考績等方式激勵員工，努力招募存款，這項工作，成為板信員工，最大工作壓力所在。員工為達成每年的分配額，自動的做好服務禮貌，這種服務態度，有別於公營銀行鐵飯碗的工作態度，一般民眾自然樂意將資金存入板信，這是板信有別於各行庫的地方。

　　因係地方金融機構，客戶以社員為主，所以重視個人業務，當時台灣人生活開始稍有節餘，能夠節儉作儲蓄。48年，板信於全國首推定期定額零存儲蓄存款，這項業務手續較繁雜，一般商業銀行並未大力推廣，板信即從此處著手吸收客戶，並每日派員到府服務，收取商家每日的節餘款項，存入板信。那時銀行人員都以櫃台作業，不喜歡收取零散的存款，這種長期「服務到家」的方式，為板信吸收了眾多忠實客戶，這也是板信存款能夠持續成長的重要因素之一。

　　放款是信用合作社的重要業務之一，也是收入最重要的來源。金融機構的放款業務是非常專業性的作業，講求「安全性」、「收益性」、「流通性」。板信的放款業務，則特別偏重於「安全性」，所以放款的逾期放款、呆帳低，自創立起至73年以前，未曾產生過實際呆帳（壞帳）。

　　板信的放款對象，依法只能貸放給社員，故頗符合「取之於地方，用之於地方」的作法。板信開業初期，放款對象以地方小工商業為主，當時板橋地區尚未繁榮，放款業務推展不是很順利。民國50年左右，國內經濟起飛，政府在板橋地區建立數個工業區，移入人口增加，需要大量住宅，購屋者需要銀行融資配合，板信乃因應社會趨勢推出房屋貸款。58年，台北－板橋間的華江橋通車，移入戶口更加快速，住宅需求強烈，建築業興起。板信順應社員需求，與建商合作推出購屋貸款，放款業務重心逐漸轉為房屋擔保放款。

〔註4〕板信編，〈83年度業務報告書〉（1994年），頁11、13。

60年，板信業務區域擴大至中、永和地區及土城部分村里，由於4市皆為外縣市人口移入的主要區域，購屋者眾多，房貸需求龐大，板信推出的房貸業務，正符合民眾的需求，所以資金加快的轉移至房屋擔保放款，並與建築業有深厚的關聯。在改制前，板信放款中有 70%左右是購屋貸款，20%為建築業之融資，一般小工商業融資僅存約 10%。

　　放款偏向不動產融資的現象，使得板信如同土地銀行般，成為業務區域內專業的不動產融資銀行。板信因為提供資金承做購屋貸款，遂與業務區域內之建築業建立了緊密關係，放款業務除了購屋貸款外，亦提供資金作為建築業的週轉融資。也因為承做房屋貸款，建築業者長期與板信業務往來，參與板信社務者日眾。從事建築業者選任板信理監事成員逐年增加。在改制前，理、監事中，從事或投資建築業的人數達到了 75%，可謂關係非淺。

　　信用合作社屬於地方基層金融，是由所在地的「人」結合而成的金融機構，所以與地方社會息息相關。板信是在板橋創立的地方基層金融，自然與板橋市的地方社會關聯非常緊密；又因的業務區域涵蓋中、永和、土城 3 個縣轄市，3 市對板信的組織發展及社、業務成長，亦有很大的影響，因此也與 3 市的地方建立深厚的關係。

　　國民政府在台實施地方自治後，板橋地方家族興起，形成新的地方勢力。民國 60、70 年代，板橋市劉順天、郭政一、邱明政 3 人先後角逐市長職務，因此邱、劉、郭三個家族，在地方上被視為板橋地區政壇上的三股政治勢力。其後，代表外地人的立法委員鄭逢時，也被劃分為一個政治勢力的鄭派。這三家一派都有成員參與板信社務，但以邱、劉、郭三家介入最深。

　　板信雖然有地方政治家族成員參與理監事會，社內卻無派系形成。這與歷屆理事會及 4 位理事主席的認知及作為有很大關係。板信創立時，邱榮隆時任板橋鎮代表會主席職務，鎮代表會曾是支持力量之一，他是板信 4 位理事主席中介入政治最深的一位，但也為板信樹立起不介入地方選舉的傳統。民國 52 年以後，他未再連任鎮民代表會主席職務，專心於板信的經營，其後的時間內，他與地方各級公職人員間，均保持友好中立的關係，不介入地方選舉事務。邱榮隆退休後，這項措施仍繼續奉行，遂成為板信傳統。繼任的三位理事主席，在職期間，均未參與公職選舉。林平賜為公務人員退休；邱明政曾任縣議員，就任後，即淡出選舉事務，專心於板信的經營；劉炳輝為板橋劉家成員，任內在選舉事務上亦秉持中立立場。板信與各級公職人員因

長期保持如此關係，雖然板橋三大家族都有成員參與社務，卻能跳脫傳統地方金融，受制於所在地政治派系介入的桎梏。

　　板信是由邱榮隆發起設立的，創立板信是他一生最重要的事業，爲邱家的代表人物。邱榮隆日治時期，自營隆益商行，並從事黑松飲料配銷，組織公賣局菸酒配銷所，配銷板橋、中永和、土城、樹林等地菸酒配銷業務。與友人經營環球戲院等娛樂事業。地方公職上歷任里長、板橋鎮民代表、鎮民代表會主席職務。民國 45 年，政府開放 7 個縣市縣府所在地之市鎮，無信用合作社者，準予成立一家信用合作社。邱榮隆時任板橋鎮代表會主席，認爲信用合作社有繁榮地方的功能，乃出面發起設立。他結合地方人士、鄰里親友、事業股東、兩個配銷系統、鎮代表會、縣政府、市公所人員，集資 50 萬元，創立板信，被選爲創社理事主席。

　　板信在 46 年被核准創立，4 月 25 日召開成立大會，選出 11 位理事，5 位監事，邱榮隆被選任爲第一屆理事主席，林水木爲監事主席，7 月 5 日正式開業。第一年決算的規模爲：員工 9 名，存款餘額新台幣 150 萬餘元；放款餘額 90 萬餘元；股本 50 萬元；盈餘 13,229 元。〔註5〕在 4 位理事主席主事下，歷經 40 年的發展，改制爲商業銀行前（86 年 8 月 29 日）的規模爲：員工 468 名〔註6〕，存款餘額新台幣 538 億餘元；放款餘額 347 億餘元；資本金 60 億元；各項公積金餘額 21 億 5 千餘萬元；前 8 個月的暫結盈餘有 5 億 7 千餘萬元。〔註7〕前、後規模兩相比較，人員方面增長 52 倍，股本加公積金（股東權益）成長超過 1 萬 6 千餘倍，存放款餘額相差超過 3 萬 5 千餘倍，盈餘則有 4 萬 4 千餘倍。

　　板信於 86 年 9 月 30 日改制爲板信商銀前，歷經 4 位理事主席，邱榮隆前後擔任 18 年，林平賜 3 年，邱明政 15 年，劉炳輝 4 年。邱榮隆、邱明政爲父子，兩人任期先後 33 年，對板信經營影響至深。林平賜爲創社理事之一，曾兼任經理職務，前後任理事會職務 7 屆 21 年，他於邱榮隆退休後續任一屆理事主席職務。劉炳輝爲板橋劉家成員，民國 70 年起參與板信事務，曾任數屆理、監事職務，82 年邱明政退休後，經第 13 屆理事會選任爲理事主席，任

〔註5〕板信編，〈47 年度社員代表大會議案，46 年度業務報告書，資產負債表〉（1958年 1 月 25 日）。
〔註6〕員工人數係直接詢問板信商銀現任人事主管陳達煌襄理。
〔註7〕00－85.86－100－6，〈板橋信用合作社 86 年度 9 月份第 4 次理事會紀錄〉（1997年 9 月 22 日）。

內政府准許信用合作社改制為商業銀行。板信的體質健全，為各方注目的改制對象，在大家期待中，由他領導完成改制成板信商銀的任務，同時受命將經營上有弊端的高雄市第五信用合作社，以近 30 億元的代價概括承受。

板信是地方金融，因為起基地在板橋，經營最深入，所以與板橋最為密切，85 年時，板橋地區的社員人數占社員總數 64%以上，歷屆理監事的選任亦占絕對多數，全體理監事中，設籍於永和者只有 1 位，中和 2 位，土城 1 位。11 個營業單位中，有 7 個營業單位設於板橋。其次中和 2 家，永和、土城各 1 家。業務方面亦以板橋為重心，於 86 年 6 月份的全社存放款餘額，存款業務板橋地區占總數的 81%以上，放款占 72%以上。

信用合作社依規定，每年必須從其稅後之盈餘提列 5%之公益金回饋地方；其中 65%為社員交易分配金，依社員與合作社交易額之多寡分配社員，這項規定板信都有徹底的執行。除了社員交易分配金外，每年都提撥大筆經費，購買適當日用品，作為社員福利品，定時發放社員。另外為推廣合作教育，特設社員子女獎學金，這項獎學金最後數年金額都高達 2、3 百萬元，對眾多社員子女頗具鼓勵作用。對地方政府的建設捐贈，及地方公益事業的各項捐款，板信也是不遺餘力的捐助。這些公益或救災義舉，曾獲各級地方政府頒發匾額表揚。

民國 80 年政府准予銀行新設後，國內先後成立 16 家新銀行，新的民營銀行挾持著雄厚的資本，以嶄新的姿態，搶攻台灣各個金融要地，並強力發動「價格戰」、「宣傳戰」、「據點戰」，大肆擴張據點，讓處處受限的信用合作社，腹背受敵，強烈感受到競爭的壓力。於是大聲呼籲政府放寬對信用合作社的管制，及期待政府儘速為信用合作社能單獨立法。83 年「信用合作社法」頒布，給與體質健全的信用合作社，有了改制為商業銀行的希望。板信經過 40 年的經營，已成為台灣知名的地方金融，存款業務曾排名全國第三，被金融主管機關譽為「模範生」，[註8] 是各方期盼改制的對象。

理事主席劉炳輝 82 年接任，正逢此際會，乃擔負起板信改制的責任。85 年理事會改選，5 月份確定連任後，他立即著手進行改制程序，首先將股金從 30 億元提高為 60 億元，在法令許可下，優先由理監事增股，彌補板信股權分

〔註 8〕〈板信銀是模範生　官員信心喊話〉，《經濟日報》，中華民國，1999 年 2 月 4 日，01 版。

散的問題。12月27日正式召開變更組織爲「板信商業銀行股份有限公司」的第一次股東會，正式成立「板信商銀」，同日成立董事會，被公推爲董事長。12月30日正式向財政部提出改制申請。

　　板信於提出申請前，主關機關已經了解高雄五信及高雄十信虧損嚴重，在板信提出申請後，即鼓勵板信承受其中一家，經研商後，有意接受合併高雄五信的建議。爲此案板信於86年6月召開臨時社員代表大會，通過授權理事會處理合併或概括承受其他金融機構的議案，爲合併案預留伏筆。但板信內部對合併高雄五信乙案疑慮盛深，經全體理監事數次聯席溝通，都難以決定，在財政部核准板信改制時，仍無法作成議決。至7月28日板信理事會作出最後決定，議決否定合併案。主管機關獲知板信決議後，當夜立即派遣二位官員蒞臨，要求劉炳輝緊急召集理監事開會。會議由夜間十點討論至次日凌晨三點，會中官員就板信理監事之疑慮，一一作出說明及承諾，在所有疑慮都獲得解決後，板信理事會才同意概括承受高雄五信。但此次會議之內容並無任何記錄或錄音，僅有與會人員之訪談紀錄談及。

　　板信在86年9月30日正式改制爲板信商銀，唯改制後之營運，始終受到爲彌補高雄五信近30億元虧損的問題而困擾多年。板信商銀董、監事雖然努力的解決合併高雄五信遺留下來的後遺症，但事後又面臨國內產生的本土性金融風暴事件，及雙卡危機，二項事件對國內經濟的影響深遠，讓板信的營運困難加劇。板信改制已歷12年，現今金融的競爭環境依然十分嚴峻，同時期，由信合社申請改制的商業銀行，已有誠泰銀行等多家同業，無法承受目前金融環境劇烈變遷的挑戰，經營難以存續，先後被其他金融機構所合併。於今，雖然大環境如此不佳，板信商銀劉董事長表示，板信商銀全體董、監事暨員工，依然會秉持板信先賢們的堅持，努力經營，不斷調整自己的步伐，期望先站穩腳步後，認眞的向前挺進，能在未來數年內，在穩定中恢復過往的榮光。

徵引書目

一、板橋信用合作社檔案資料（秘書室保管）

（一）社員代表大會檔案

1. 00－47－86－100－1,（社員代表大會紀錄）（1958～1997 年）。

（二）社務會檔案

1. 00－87－100－2,（社務會紀錄）（1957～1997 年）。

（三）理事會檔案

1. 00－46－71－100－1,（理事會議紀錄）（1957～1982 年）。
2. 00－72－75－100－2,（理事會議紀錄）（1983～1986 年）。
3. 00－76－78－100－3,（理事會議紀錄）（1987～1989 年）。
4. 00－79－81－100－4,（理事會議紀錄）（1990～1992 年）。
5. 00－82－84－100－5,（理事會議紀錄）（1993～1995 年）。
6. 00－85－86－100－6,（理事會議紀錄）（1996～1997 年）。

（四）監事會檔案

1. 00－87－100－3,（監事會紀錄）（1957～1983 年）。
2. 00－87－100－4,（監事會紀錄）（1984～1986 年）。
3. 00－87－100－5,（監事會紀錄）（1987～1988 年）。
4. 00－87－100－6,（監事會紀錄）（1988～1989 年）。
5. 00－87－100－7,（監事會紀錄）（1990～1992 年）。
6. 00－87－100－8,（監事會紀錄）（1993～1994 年）。
7. 00－87－100－9,（監事會紀錄）（1995～1996 年）。
8. 00－87－100－10,（監事會紀錄）（1992 年、1997 年）。

（五）其他檔案

1. 00－87－100－1，（受讓高雄五信移交清冊）（1997年9月29日）。

（六）秘書室文書股保管檔案及文件

1. （創立大會議案）（1957年4月25日）。

2. （47年～60年社員代表大會議案・附上年度業務報告）（1958～1971年）。

3. （61年～64年度業務報告・附當年度大會議案）（1972～1975年）。

4. （65年～85年度業務報告）（1976～1996年）。

5. （62年～66年臨時大會議案）（1973～1977年）。

6. （67年～86年通常、臨時大會議案）（1978～1997年）。

7. （第1屆至14屆理事名錄）（1957～1997年）。

8. （第1屆至38屆監事名錄）（1957～1997年）。

9. （第1屆至16屆社員代表名錄）（1957～1997年）。

10. （台北縣板橋信用合作社變更組織爲板信商業銀行股份有限公司第一次股東大會議事手冊）（1996年12月27日）。

11. （86年、87年板信商銀董事會紀錄）（1997～1998年）。

12. （板信商業銀行86年度年報）（1997年）。

二、法令、統計書、年鑑

1. 中央銀行金融業務檢查處，《各金融機構業務概況年報》（1963～1997年）。

2. 中央銀行經濟研究處，《中華民國台灣地區金融統計月報》（1982～1997年）。

3. 中國合作事業協會台灣省分會合作年鑑出版委員會，《中華民國台灣省合作年鑑四十六年版》（台北市：中國合作事業協會台灣省分會合作年鑑出版委員會，1957年）。

4. 中國合作事業協會台灣省分會合作年鑑出版委員會，《中華民國台灣省合作年鑑五十一年版》（台北市：中國合作事業協會台灣省分會合作年鑑出版委員會，1963年）。

5. 中國合作事業協會台灣省分會合作年鑑出版委員會，《中華民國台灣省合作年鑑五十六年版》（台北市：中國合作事業協會台灣省分會合作年鑑出版委員會，1967年）。

6. 中國合作事業協會台灣省分會合作年鑑出版委員會，《中華民國台灣省合作年鑑七十五年版》（台北市：中國合作事業協會台灣省分會合作年鑑出

版委員會，1986 年）。

7. 中華民國合作事業協會編，〈合作事業統計年報〉（台北市：中華民國合作事業協會，1990～1997 年）。

8. 內政部戶政司，《台閩地區人口統計月刊》（1994～1997 年）。

9. 內政部住宅資訊工作小組，《中華民國台灣地區住宅資訊統計彙報》（1991～1997 年）。

10. 合作金融法規彙編指導委員會編輯，《合作金融法規彙編》（台北市：財政部金融局、中華民國信用合作社聯合社，1993 年）。

11. 合作資訊服務中心編輯，《最新合作法令輯要彙編》（台北市：中國合作事業協會台灣省分會，1996 年）。

12. 台北州勸業課，《台北州工商要覽》（台北市：1939～1941 年）。

13. 台北市政府財政局編，《合作金融法令彙編》（台北市：台北市政府財政局，1986 年）。

14. 台北市政府主計處，《台北市統計要覽》（1989～1997 年）。

15. 台北縣政府主計室，《台北縣重要統計季報》（1990 年 7 月～1997 年 6 月）。

16. 台灣省政府農林廳編，《農會法令彙編》（1972 年）。

17. 台灣省政府民政廳，《中華民國台灣人口統計月刊》（1970～1993 年）。

18. 台灣省合作事業協會編，《合作法令輯要彙編》（1996 年）。

19. 台灣產業組合聯合會，《台灣產業組合要覽第 29 次》（台北市：1943 年）。

20. 台灣產業組合協會台北州支會，《台北州產業組合要覽（昭和 3、5、6、8、9 年版）》（台北市：1931～1934 年）。

21. 台灣總督府，《台灣產業組合要覽第 3～25 次》（台北市：1916～1939 年）。

22. 台灣總督府，《台灣產業組合要覽第 26～28 次（附農業倉庫事業概況）》（台北市：1940～1942 年）。

23. 海山郡產業組合共榮會，《海山郡產業組合要覽（昭和 13 年）》（台北市：1939 年）。

24. 海山郡產業組合共榮會，《海山郡產業組合要覽（昭和 15 年）》（台北市：1941 年）。

三、報紙

1.《聯合報》（1977～2005 年）。

2.《聯合晚報》（1999 年）。

3.《經濟日報》（1978～2002 年）。

四、地方志

1. 尹士俍編纂，《台灣志略》（香港：香港人民出版社，2005年）。

2. 江惠貞主修，尋俠堂國際創意有限公司編輯，《板橋市志三編》（台北縣：板橋市公所，2009年）。

3. 李汝和主修，《台灣省通志‧經濟志‧金融篇》（台中縣：台灣省文獻委員會，1970年）。

4. 余文儀主修，《續修台灣府志》（台北市：文建會，2007年）

5. 吳清池主修，板橋市誌編輯委員會編輯，《板橋市誌續編》（台北市：板橋市公所，1997年）。

6. 吳耀輝纂修，《台灣省通志稿‧經濟志‧金融篇》（台北市：台灣省政府，1959年）。

7. 呂芳煙主修，中華綜合發展研究院編輯，《中和市志上、下冊》（台北縣：中和市公所，2005年）。

8. 郁永河，《神海紀遊》（台北市：台灣銀行，1959年）。

9. 林德喜主修，盛清沂編纂，《重修中和鄉志》（台北縣：中和鄉公所，1977年）。

10. 洪一平主修，中華綜合發展研究院應用史學研究所編輯，《永和市志上、下冊》（台北縣：永和市公所，2005年）。

11. 范咸，《重修台灣府志》（台北市：台灣銀行，1961年）。

12. 高拱乾，《台灣府志》（台中縣：台灣省文獻委員會，1993年）。

13. 孫勝治主修，吳學明編纂，《永和市志》（台北市：孫勝治，1986年）。

14. 連橫，《台灣通史》（台北市：城文出版社，1983年）。

15. 盛清沂總纂，《台北縣志》（台北縣：台北縣文獻委員會，1960年）；（台北市：成文出版社，1983年）。

16. 張馥堂主修，盛清沂、吳基瑞編纂，《板橋市志》（台北縣：板橋市公所，1988年）。

17. 盧國雄主修，土城市志編纂委員會編輯，《土城市志》（台北縣：土城市公所，1994年）。

18. 張勝彥總纂，《續修台北縣志》（台北縣：周錫瑋，2006年）。

19. 陳夢林總纂，《諸羅縣志》（嘉義市：嘉義縣政府，1983年）。

20. 陳培桂纂輯，《淡水廳志》（台北市：文建會，2006年）。

21. 蔣毓英纂，《康熙福建通志台灣府志》（台北市：文建會，2004年）。

22. 劉良璧纂，《重修福建台灣府志》（台北市：文建會，2005年）。

23. 劉寧顏總纂，袁影生編纂《重修台灣省通志‧經濟志‧金融篇》（台中縣：

台灣省文獻委員會，1993 年）。

24. 淀川喜代治主修，《板橋街誌（日文書)》，（台北市：板橋街役場，1933年）。

五、專書

1. 王錦源等編撰，王建芬等編輯，《台灣銀行六十年》（台北市：台灣銀行，2006 年）。

2. 台北十信七十週年籌備委員會編纂，《保證責任台北市第十信用合作社七十年誌》（台北市：台北第十信用合作社，1981 年）。

3. 台北縣板橋市農會編纂，《板橋市農會 87 週年暨第十四屆選任人員紀念刊》（台北縣：台北縣板橋市農會，2005 年）。

4. 合作金庫五十年誌編輯委員會編纂，《台灣省合作金庫五十年誌》（台北市：合作金庫，1996 年）。

5. 高雄市第三信用合作社編纂，《飛躍七十》（高雄市：高雄市第三信用合作社，1987 年）。

6. 彰化銀行百年史編輯委員會，《彰化銀行百年史》（台中市：彰化銀行，2005 年）。

7. 華南銀行彙編，《華南銀行改制四十年》（台北市：華南銀行，1987 年）。

8. 第一商業銀行編，《第一銀行九十年》（台北市：第一銀行，1989 年）。

9. 明倉喜作編輯，《台灣銀行四十年誌（日文)》（東京市：明倉喜作，1939年）。

10. 陳逢源，《新台灣經濟論（日文)》（台北市，台灣新民報社，昭和 12 年）。

11. 陳逢源，《台灣經濟よ農業問題（日文)》〈台北市，萬出版社，昭和 19年〉。

12. 後藤靜、蘆田文夫、坂本和一編，黃紹恆譯，《現代資本主義的基礎：資本主義的生成、發展與危機》（台北市：城邦文化，2003 年）。

六、論文

專書論文

1. 于樹德著，王瑄補訂，《信用合作社經營論『一名平民銀行經營論』》（上海：中華書局，民國 22 年）。

2. 尹樹生，《合作經濟概論》（台北市：三民書局股份有限公司，1980 年）。

3. 司馬嘯青，《台灣五大家族》台北市：玉山社，2000 年。

4. 邱明政等編，〈邱榮隆老先生傳記〉《榮隆先生八秩晉一華誕紀念冊》（民

國 80 年）。

5. 李力庸，《日治時期台中地區的農會與米作》（臺北縣，稻香出版社，2004
年）。

6. 李力庸，〈日治時期桃園地區產業組合與農村經濟〉，收入林明煌主編，《戀
戀桃仔園：桃園文史研究論叢》（台北縣：華立圖書，2008 年），頁 33
～61。

7. 李庸三、錢釧燈著，〈台灣地區地下經濟之探討〉《台灣地下經濟論文集》
（台北市：經聯，1997 年），頁 3～70。

8. 沈英明，《地下錢莊之研究》（台北市：中華民國加強儲蓄推行委員會金
融研究小組，1984 年）。

9. 吳恪元，《合作經濟原理》（台北市：茂昌圖書有限公司，1995 年）。

10. 吳春來，《台灣信用合作事業之研究》（台北市：合作金融社，1973 年）。

11. 林鐘雄，《台灣經濟發展四十年》（台北市：自立晚報，1987 年）。

12. 花敬群，〈房地產景氣、市場供需與政策研究之探討〉（台北市：內政部
建築研究所，2000 年）。

13. 范勝雄，《開台使者沈葆楨》（台南市：台南市府，2001 年）。

14. 段承璞主編，《台灣戰後經濟》（台北市：人間出版，1992 年）。

15. 郭崑謨，《企業概論》〈台北市：華泰書局，1988 年〉。

16. 陳岩松，《中華合作事業發展史》（台北市，台灣商務印書館，1983 年）。

17. 張紹言，《合作經濟概論》（上海市：中華書局，1947 年）。

18. 張則堯編著，《財稅參考資料合作金融要義》（台北市：財政部財稅人員
訓練所，1979 年）。

19. 張遠編輯，《台灣地區信用合作社發展史》（台北市：中華民國信用合作
社聯合社，1990 年）。

20. 黃永仁，〈緒論〉，《台灣的基層金融——過去現在未來》（南投縣：基層
金融出版社，1986 年）。

21. 黃永仁、施富士撰，《信用合作社未來發展方向——改制與單獨立法問題》
（南投縣：基層金融研究訓練中心，1986 年）。

22. 黃百全，《信用合作社讓購及合併問題之研究》（台北市：合作金庫，2000
年）。

23. 陳明通，《派系政治與台灣政治變遷》（台北市：月旦出版社，1995 年）。

24. 曾增財，《農會信用部與信用合作社業務區域劃分之研究》（南投縣：基
層金融研究訓練中心，1984 年）。

25. 葉榮鐘，《近代台灣金融經濟發展史》（台中市：晨星出版有限公司，2002

年）。

26. 楊超然，《企業管理概要》〈台北市，五南，1976 年〉。

27. 劉進慶，《台灣戰後經濟分析》（台北市：人間出版社，1992 年）。

28. 蔡宗陽主編，《最新國語辭典》（中和市：登福出版社，1997 年）。

29. 蔡培玄，《信用合作社規模經濟之研究》（南投縣：基層金融研究訓練中心，1987 年）。

30. 蔡秋榮，《再論農會信用部與信用合作社業務區域劃分之研究》（南投縣：基層金融研究訓練中心，1988 年）。

31. 賴英照，《台灣金融版圖之回顧與前瞻》（台北市，聯經出版事業公司，1997 年）。

32. 謝森中，〈從經濟觀點看戰後台灣經驗〉，宋光宇編，《台灣經驗（一）——歷史經濟篇》（台北市：東大行，1993 年）。

33. Ewell p.Roy 原著，黃永仁、詹益郎審效，《合作金濟學》（南投縣：基層金融研究訓練中心，1990 年）。

期刊論文

1. 王建安、張金鶚、林秋瑾著，〈房地產景氣與總體經濟景氣之關係〉，《1995 年中華民國住宅學會第四屆年會住宅政策及學術研討會論文集》（台北市：中華民國住宅學會，1995 年），頁 241～249。

2. 彭建文、張金鶚著，〈為何房地產市場長期不景氣？——景氣變動下，建商供給行為之探討〉《1999 年中華民國住宅學會第八屆年會論文集》（台北市，中華民國住宅學會，1999 年），頁 427～448。

3. 劉展宏、張金鶚著，〈購屋貸款提前清償機率之研究〉《1998 年中華民國住宅學會第七屆年會論文集》（台北市：中華民國住宅學會，1998 年），頁 219～241。

4. 劉展宏，〈我國一般購屋貸款提前清償之實證分析〉《2001 年年中華民國住宅學會第十屆年會論文集》（台北市：中華民國住宅學會，2001 年），頁 393～413。

學位論文

1. 吳仕基，〈改制商銀企業改造之研究〉台北市：國立政治大學經營管理在職班碩士，2005 年。

2. 林金宏，〈地方幫派與地方派系互動之研究〉台中市：東海大學公共事務在職專班碩士，2005 年。

3. 施威全，〈台灣經濟發展過程中的地方派系研究〉台北市：國立台灣大學建築與城鄉研究所碩士，1993 年。

4. 范姜坤火，〈板橋地方派系政治之研究──結盟、分化與式微〉台北市：銘傳大學國家發展與兩岸關係碩士，2006 年。

5. 黃榮慧，〈台灣地方派系黑金政治之研究──以台中縣、雲林縣、嘉義縣、屏東縣為例比較分析〉嘉義縣：國立中正大學政治學系碩士，2005 年。

6. 葉東順，〈台北縣地方派系與自治選舉之研究〉台北市：銘傳大學公共事務學研究所碩士，2002 年。

7. 陳勇順，〈房地市場經濟行為及政府政策之研究〉台南：國立成功大學企業管理研究所碩士，1990 年。

8. 劉佩怡，〈台灣發展經驗中的國家、地方派系、信用合作社的三角結構分析〉台北市：國立政治大學中山人文社會科學研究所博士，2002 年。

9. 蔡采秀，〈板橋的都市發展（1895～1985）──兼論其社會影響〉國立台灣大學社會研究所博士論文，1995 年。

10. 蔡武列，〈我國金融重建機制下公營銀行概括承受基層金融機構之研究──以合作金庫銀行為例〉台北市：國立政治大學商學院經營管理碩士，2001 年。

七、訪談紀錄

1. 朱茂陽訪談紀錄

2. 邱明政訪談紀錄

3. 林宜火訪談紀錄

4. 林衡道述，林秋敏記錄整理，《林衡道先生訪談錄》（台北縣：國史館，1996 年）。

5. 郭道明訪談紀錄

6. 陳錦成訪談紀錄

7. 葉進一訪談紀錄

8. 劉炳輝訪談紀錄

八、網站

1. 台北縣政府網站：（98 年 12 月台北縣人口資料）http://www.ris.tpc.gov.tw/_file/1392/SG/24964/38972.html。

2. 台北縣永和戶政事務所網站：〈台北縣 86 年 8 月份各鄉鎮市人數統計〉，網址：http://www.yonghe.ris.tpc.gov.tw。

九、其他

1. 中華民國信用合作社聯合社編印，《信用合作社一覽》（台北市：中華民國信用合作社聯合社，1996 年）。

附錄一

劉炳輝訪談紀錄

時間：2009 年 1 月 13 日上午

地點：板信商銀董事長辦公室

受訪者：劉炳輝董事長

　　　　現任：板信商銀董事長

　　　　曾任：板橋信用合作社第 13、14 屆理事主席

　　　　　　　大順建設公司董事長

　　　　　　　三輝建設公司董事長

訪談者：國立中央大學歷史研究所碩士在職班學生魏占峯

訪談內容：

一、板橋浮洲里劉家的歷史沿革

　　劉家祖籍爲廣東潮州饒平縣人，約於乾隆年間移民來台，至今約 200 年。來台之初，於新莊瓊仔林，後遷至板橋浮洲地區，定居於此，以務農爲生。家族內各爲生計，努力工作，無專人整理族史，僅憑長輩口述。曾祖父名諱源流，源流公爲人殷實、勤勞，單傳祖父金龍公。台灣傳統農業社會有「多子多孫，多福氣」之風氣，農事操作，特重人力，所以祖父金龍公，共育七男一女。祖父一人雙臂，與祖母兩人，胼手胝足，辛勤耕作，養育八個子女，日後家父兄弟在社會上都頗有成就，是祖父最大的驕傲。祖父辛勞工作，撫育眾多子女，生活上特重「勤」與「儉」，教育子女要「自力更生」。所以「勤儉」與「自力更生」，家族內雖沒有訴諸文字，卻已成爲浮洲劉家的「家訓」。

　　祖父爲人頗有見的，以兩人之力，要養育眾多子女，是很辛苦的，單純的務農種稻營生，實難維持。日治時期，茶葉市場興盛，爲製做「香片」，需要大量茉莉花，祖父適時的改種，茉莉花在市場的需求很大，我家大面積的栽種，也常供不應求，所以價格不錯。在祖父「勤儉」持家下，種花收入不錯，累積了些許資金就添置土地，擴大栽種。及我父叔輩長大成家，原又房舍不敷居住，乃斥資新建一棟三合院磚瓦屋，占地一千多坪，是當時浮洲地區最早建構之磚瓦屋。

　　光復後，政府推行土地改革，實施耕者有其田。家裡部分田產被放領，得到一筆土地放領的土地代金，祖父及家父兄弟苦思，保留的田地有限，家中人口眾多，食指浩繁，且座吃山空，乃決定創立事業。當時行業，以進出口貿易、糧食生意、及建材業需求最殷切，進出口貿易需精通外語，米糧生意邱家經營相當穩固，木材生意在板橋附近尚無人經營，於是成立「劉大有木材廠」經營木材生意，由父親兄弟共營。創立時，祖父憶及以其夫婦兩人之力，既教養八個子女長大，且各個都有成就，五、六、七子具有大學學歷。又自建有穩固之三合院磚瓦家宅，一家大小可免風吹雨淋之苦，一生可堪告慰，就將新成立之企業，命名爲「劉大有」。

　　民國60、70年代，政府政策改爲管制林木開採，父兄們，再次面臨轉機。因爲經營木材業，與建築業息息相關，有生意往來的建商建議改行投資建築業。父兄乃決議結束木材生意，原「劉大有企業」資產做爲公產，各持應有之分。各房則自行籌資投資建築業，興建一般住宅出售。我們這一房在家父主導下成立「大順建設公司」。民國80年後，爲提升住宅建築品質，個人另行創立「三輝建設公司」，以興建高品質之住宅大樓爲主要商品。

二、家族成員從政的因源及經歷

　　光復後，台灣人民可以選舉自己的地方首長及民意代表，那時浮洲地區尚屬農業區，鄉人以劉家在地方之名望，擁推家人出來代表地方。大伯諱順和，家父諱順杞排行第二，大伯爲人謙讓，於是家父被推選爲第1、2屆板橋鎮鎮民代表。二任後，家父以事業爲重推辭。又二屆後，鄉人再次熱情擁戴，大伯乃代表地方連任第5、6兩屆鎮民代表。任內邱榮隆老主席倡議創設合作社，大伯極力贊同，並成爲創社理、監事之一，爲板信盡一份棉薄之力。

對於參與政治，六叔諱順天，這一房企圖心較強。六叔日治時期曾任刑事警察；光復後，任鎮公所經濟股主任。53 年當選板橋鎮第 6 屆鎮長，61 年連任第 7 屆。第 7 屆任內，推動板橋鎮改制為板橋市，61 年 7 月 1 日改制成功，成為第 1 任板橋市長。其長子炳偉（本人堂弟），克紹其裘，先後參與各項選舉。67 年當選第 3 屆市民代表會主席，70 年起，當選第 7、8 屆省議會議長，精省後，改選為立法委員。

三房的堂兄炳信，亦熱心地方政治，66 年起，曾當選第 3 屆市民代表，第 4 屆市民代表會副主席，75 年，當選第 12 屆縣議員。四房堂弟劉炳發，亦曾積極參與縣議員選舉，從 66 年第 9 屆縣議員選舉開始，連任 9 至 11 屆縣議員，第 12 屆更當選為縣議會副議長職務。其他各房叔叔及堂兄弟，都以事業為重，努力經營，希望永續家族之榮景。

三、入主板橋信用合作社之因緣

退伍以後，立即投入建築事業中，事業初創，經營起來特別艱辛，歷經數年的嘔心瀝血的辛苦，基礎慢慢穩固，也小有成就。伯父順和公常鼓勵家中年輕之子姪輩，多接觸社會上各階層之人、事，累積人際關係，以利將來光大個人事業。他看我退伍後，努力經營事業，已有初步成績，乃鼓勵我參與板信事務，認為板信是年輕人不錯的歷練場所。遂於民國 70 年 30 歲時，參加板信第 25 屆監事選舉，開始加入板信的行列，第 26 屆很榮幸的被推舉為監事主席。繼而，於 73 年，經父兄們鼓勵下，參選第 10 屆理事選舉，在眾多年高德劭的長輩提攜下，幸獲當選。

參與板信理事會，連任了 10、11、12 三屆理事，這 9 年中讓我獲益良多，也培養出對金融經營的興趣。81 年，邱主席因故有意退休，退休前向各方斟詢繼任人選，以我在板信的資歷，透過我父執輩，極力推舉我擔任板信第 13 屆理事主席。當時，我的建築公司，正積極轉型中，這件事曾讓我頗為猶豫，然而板信理、監事、社員代表們及地方各界，不斷勸進，受到他們的鼓勵與支持，經深思後，才毅然接任板信理事主席的重任。

四、經營板信的理念

我個人經營事業，不論自己的建設公司或板信，都是以「全力以赴」的精神在「打拼」。在擔任板信理事主席 5 年，及「板信商銀」董事長 10 年期

間，不因個人股份比率多寡而有所差別，都與自己擁有 100％股權般的公司一樣用心經營。我也鼓勵員工，在工作上，將在板信上班，當作自己事業一樣努力。

　　民國 80 年起，政府實施金融自由化，台灣金融市場的競爭加劇。這個政策對基層金融單位的經營上，有很大的衝擊，板信要永續經營，是不能墨守成規，必須順應金融市場，做全新的變革，這是一項轉機，但也隱伏著危機。自從接任板信理事主席職務後，無時無刻不在沈思板信的未來與去向。如何在前人艱辛所建立的基礎上，既「穩健」又能「創新」的經營，帶領全體同仁，以堅強的信念，挑戰日後劇烈的競爭，這是我隨時提醒自己必須面對的課題。

　　板信在台灣是「小而美」的地方金融機構，在金融自由化後，新銀行紛紛成立，國外先進的金融機構，也爭先恐後的在台設立分公司。如此強大的競爭壓力，鋪天蓋地而來，有時會讓人難以喘息。要迎接這些挑戰，改制為商業銀行，及擴大業務區域、業務項目是當時的趨勢及必要的抉擇。86 年，第 14 屆社員代表大會及理事會順應時勢，堅定的通過改制為「板信商銀」及概括承受「高雄五信」，雖然整個過程難免跌跌撞撞的，但這幾年艱苦的經營，事後驗證，這個抉擇，對板信是正面的效果。

　　板信原屬地方金融機構，與地方事務息息相關，如何在地方上廣結「友誼」是很重要。板信在前幾任理事主席的領導下，與地方上公職人員，都有良好的關係。也有許多公職人士，以能參與板信為榮，本社也歡迎各界的參與。對地方選舉事務，板信的傳統上，以保持「中立」為原則，在我的任內也依循這項原則。雖然我的家族有參與地方公職人員選舉，在有關的選舉事務，我當然義不容辭的助選，但都以個人身分協助，決不利用板信的資源去從事助選工作。不只地方上的選舉，對板信自己組織內的理、監事及社員代表選舉，也是秉持傳統，禁止員工涉入內部選舉，參與個別候選人的競選活動。

五、有關改制商業銀行及接收高雄五信的決策歷程

　　政府從民國 80 年起，實施金融自由化，推行金融改革，准許新銀行設立，開放外國金融機構在台設立分行，等金融措施一波接一波的衝擊全國地方金融。我隨然參與板信的社務多年，對金融業務可以說是門外漢。為了讓板信

能在劇烈的競爭環境中，持續成長，我很努力的大量吸取金融知識，充實經營能力，幸不負全體社員、社員代表、理、監事之所望，板信除了業務持成長外，並完成改制商業銀行及概括承受高雄五信的任務，擴大業務成長亟需的空間。

　　為了因應金融自由化，改制為商業銀行是勢所必行，自我接任理事主席後，連兩屆社員代表大會，都一致通過改制商業銀行的決議。執行大會決議，是理事主席的不容推諉的義務，故本人當仁不讓的擔起這項責任。

附錄二

邱明政訪談記錄

時間：97 年 6 月 11 日上午、8 月 4 日上午、10 月 29 日上午。
地點：板橋金環球廣場董事長辦公室。
受訪人：板橋信用合作社前理事主席邱明政先生
訪談人：中央大學歷史研究所在職專班學生魏占峯
訪談內容：

一、有關板橋邱家的背景

　　「板橋邱家」有今天的成就，首先要感謝板橋、中、永和土城等地方仕紳、父老及社會賢達的厚愛，邱家在各界的支持下，先父諱榮隆曾任板橋鎮代表及鎮代表會主席；先叔父諱海水及本人曾任台北縣議員；堂弟益三曾當選第六屆臺灣省議員，邱家家人能在政治上爲民服務，實在是家族的光榮。

　　邱氏原居河南上杭、洛陽一帶，至十世祖伯順公時南遷福建詔安。十二世祖仲英公時渡海來台，先居北部松山，後子孫再遷埤角八塊（今桃園八德）。十六世祖傳遠公，再遷土城鄉。先祖父諱婦螺，字修，輩屬十七世，爲一篤實自耕農，生有六子，先父排行老四，當時家人人丁頗爲興旺，耕稼面積十分廣袤，家業尚稱殷實。

二、邱創辦人及父執輩在地方政、經上的經歷

　　邱氏先祖父在家父十歲時舉家遷至板橋市府中路六十二號，家父十六歲即進入先祖父與親戚合股的「泉和實業株式會社」工作。「泉和」係由大伯邱火旺、二伯邱欽榮經營，從事米糧、食品、民生百貨等批發，除了家父，後來兩個叔叔邱春木、邱海水也進入「泉和會社」工作。「泉和會社」在家父兄弟合力經營下，信用良好，深受顧客認同，同業信任，業務日盛，規模日增。

　　家父在「會社」任職十餘年，後兄弟先後成家，會社已具規模，樹大分枝，原會社業務分成米糧與雜貨兩大部分，米糧部分由大伯與二伯經營，雜貨部分則由家父接手，自耕農的部分，由三伯父邱榮芳繼承。當時經營據點，大伯在臺北艋舺〈萬華〉，二伯在板橋，二位伯父米糧批發生意的範圍遍及整個臺北市及台北縣海山區；後二位叔父也先後自行創業，亦經營米糧批發生意，二位叔父米糧生易規模更大，擴及整個臺北縣、市，高高屏、雲嘉南、中部縣市都有收購稻米的據點。家父幾位兄弟與郭道明董事（板信商銀董事）尊翁等人，可說是臺北縣最大米商之一，故屆叔海水，曾當選臺北縣米商公會理事長、臺灣省米商公會理事長的職務。

　　家父在自行創業後，成立「隆益商行」，專營民生百貨批售，這是家父事業的起點。經數年慘澹經營，深受顧客、同業認同、信任，被推為海山區食品公會理事，公賣品菸酒組合副會長，同時取得黑松汽水、日本味之素板橋、中和、土城、樹林、鶯歌等地區經銷權。光復後，社會經濟日益繁榮，市場擴大，家父事業興隆，部份經營項目難以兼顧，乃於五十二年改組商行，成立「榮隆飲料有限公司」，專營黑松汽水及相關飲料之配銷，由二弟明信主持；又於中和成立「永和泰商行」、「群和食品有限公司」配銷中和區黑松等飲料配銷，由三弟明聰經營。

　　日據時代的菸酒屬於公賣品，光復後，菸酒專賣先歸屬於糧食局，菸酒配銷外，食鹽也是糧食局管制，亦委由家父經銷，後菸酒專賣隸屬臺灣菸酒公賣局，食鹽改由農會經銷。民國三十五年，家父受命結合板橋、中、永和、土城、樹林等相鄰地區零售商，組織板橋配銷所。配銷所成立後，家父被選任為該所主任，任職至六十九年，公賣局將菸酒配銷機構改制為直營之配銷處。配銷所改制時，可由現任配銷所主任續任或推薦一人擔任，家父決定退休，由公賣局聘請四弟明昭為改制後板橋配銷處主任。

　　參政方面，家父在日治時代，僅擔任過板橋街第三保保正一職，且在日治末期，時間短暫；光復後，則當選板橋鎮第一屆赤松里里長。三十七年起，在地方父老敦促下，當選第二、三、四屆板橋鎮鎮民代表；四十四年起，更上一層，榮任板橋鎮第五屆鎮代表會主席，並連任六、七屆。後因板信業務日增，分心乏力，乃專心經營板信及配銷所業務。

三、邱創辦人成立信用合作社的緣由及經過

　　日治時期板橋原有「板橋街信用組合」之基層金融組織，對在地小企業資金融通很有通幫助。但光復前被改為「農業會」，光復後，「信用組合」又被歸併入農會系統，從事農業的發展，原有會員被改為贊助會員，喪失企業融通資金的功能，使在地中小企業所需資金缺乏融通管道，造成地方經濟、商業發展之障礙。家父深切體會地方工商界的困境，認為有創設「信用合作社」之必要，乃結合地方民意代表，透過縣議會、省議員向省政府、中央政府反映，爭取在板橋地區設立信用合作社，以紓解地方中小企業所需的資金融通。

　　民國四十三年，臺灣省政府同意，於臺灣省縣、局政府所在地，未設信用合作社者，如臺北縣、高雄縣、宜蘭縣、苗栗縣、臺南縣、南投縣、陽明山管理局等七處，准先設立一家信用合作社，四十四年十月十五日明令實施。家父當年適任板橋鎮第五屆代表會主席，立即邀請地方熱心人士為發起人，向主管機關申請設立。經核准，於四十五年成立籌備會，家父被推舉為召集人，積極從事籌備工作。

　　依規定成立信用合作社須籌募股金新台幣五十萬元，每股股金一百元，依當時之幣值是筆龐大的數目，經過籌備會一年多的努力籌集，仍未能籌滿五十萬元股金。家父乃運用菸酒配銷所系統與黑松汽水配銷體系，全力籌集，最後階段仍然不足，遂由籌備委員依意願分攤一萬元或更多之股金，才籌滿規定之股額。

　　籌募股金是一件辛苦的工作，籌募期間家父勞心勞力，運用他多年建立起來的社會關係，一、是板橋鎮的各里里長關係，家父在光復前、後曾任堡長與里長，與附近各里里長交情菲淺。二、是板橋鎮鎮民代表與鎮公所系統，為家父的鎮民代表會的關係。三、是在地企業，如厚生徐家，創社理事之一徐朝鳳，是家父特別敦請的板橋在地知名企業家。四、菸酒配銷所系統。五、黑松汽水經銷系統。六、環球戲院股東。

　　這五大系統中以菸酒配銷所與黑松經銷系統最重要，家父透過這兩大系統招募社員。當時一百元股金幣值厚實，相當一般公務員、軍人一個月或半個月薪餉，非一般人民負擔得起，只有較爲殷實的商行或商店才有能力。這兩個經銷網路遍及海山地區，所以板信合作社社員，除所在地板橋外，中、永和、土城甚至樹林都有社員存在。但依合作社法規定，板信的業務範圍只限板橋鎮的行政區域內，社員招募不能超出業務範圍外。超過的部分，因招募社員不易，主管機關默許這些社員的存在，但有一但書，這些區域外社員只能減少不能新增加。

　　光復後，新增的信用合作社，除原核准的七家外，當時永和鎮、三重市二地也由有力人士向省政府申請設立。永和由苗素芳省議員等發起成立「永和鎮信用合作社」，六十年，因經營不善由主管機關命令由板信承接，成立「永和分社」。消息發布後，永和鎮部分人士極力反對，尤其永和鎮的外省人士。這件承接案是由蘇清波縣長大力促成的，家父也邀請他爲貴賓，開幕當天親臨剪綵。反對人士則揚言到場發動抗爭，氣氛頗爲緊張，爲防萬一，蘇縣長指示警察局何奇分局長維持現場秩序，本人當時已任縣議員，更親訪何分局長，請他費心此事，所幸開幕當天，雖有小衝突，不過整個過程尚稱順利。

　　板信因此有板橋及永和二個不相連的業務區域。跨過中和鄉，這種現象對業務發展非常不便，於是本人屢向主管機關大力爭取，並透過立委孫勝治、吳梓向財政部反應，經過多年努力，主管機關才同意中和納入板信的業務區域成立「中和分社」。七十二年，經本人及理、監事之努力爭取，土城鄉部分區域也併入業務區域內，使板信營運區域正式涵蓋板橋、中和、永和、土城四鄉鎮。後來四鄉鎮因人口增加，都先後改爲縣轄市。板信業務區域的擴展，對板信業務的成長，是重要的關鍵之一。

四、有關環球戲院股東與板信創立的關聯性

　　環球戲院在民國 42 年成立，利用林平賜主席所有房舍改建利用，原始股東 36 名，每人一股共 36 股，中間有移轉、買賣等行爲，致股東人數有所變動，但 36 股股數始終沒有改變。林宜火顧問所提江陳樹、汪金傳、汪金土、歐潤、邱木、林宜火及家父都曾是環球戲院股東。由於時間已久，36 名原始股東已無法記全，但家父不曾擔任戲院董事長的職務，劉順和也不是環球股東，這兩點是可以確定的，林宜火顧問可能記錯了。

創社理、監事、社員代表、社員大部分都是街上五個里鄰居或里民，與家父有多層關係，所已加入板信也以「街仔底」最多。這五里就是板橋舊城區，民國五十年以前，板橋市以舊街地區最繁榮，居民大多經營生意較有資產。其他地區則零散成為小聚落，也多以務農為主，那時的法令規定，有農民身分者，不得為信用合作社之社員，故板橋其他鄰里尚屬農業區，有資格加入社員者少，要到民國 60 年左右，台灣經濟起飛，地方開始繁榮，外來人口大量移入，才改變人口結構，從那個時期起，板信的社員亦開始由「舊街」往江子翠、後埔、埔墘、浮洲、中、永和等地區擴散，相對的也影響社員代表、理、監事會的組成。

五、邱創辦人日據時代及光復後籌組板橋菸酒配銷所的經過

家父在日據時期曾參與「海山區食品組合」擔任理事的職務及「公賣品菸酒組合」副會長等，「海山區食品組合」與現在公會性質類同，本身無業務，有時會被「役所」指派糧食配給的事務，那時的理事長為林進德，一般人尊稱他為「健智伯」。光復後，「台灣省公賣局」接收菸酒專賣業務，大台北地區由「公賣局台北分局」負責。公賣局接收後，家父即受委託，以原有「菸酒組合」系統，組織「公賣局板橋配銷所」，它的性質類似一般民間社團，由中和簡雲龍、永和江輝元、板橋廖阿發、土城張常金等人為理監事，家父被推選擔任「配銷所」主任，執行菸酒配銷業務，業務區域涵蓋板橋、中、永和、土城、樹林、等地。後來公賣局改變配銷制度，由公賣局直接指派各配銷所主任，直屬公賣局，原有理、監事就解散，不復存在。隨著經濟發展，公賣局在其他地區陸續成立直營之配銷處，「板橋配銷所」業務區域，經多次劃分，漸次縮小，至 69 年家父退休，公賣局也將「配銷所」改為直營之「配銷處」，主任由四弟邱明昭擔任。

六、板信創立時參與創社工作

板信從籌備期間使用的經費即非常節儉，員工也是在核准籌設後才招募的，最先是朱茂陽、江萬，於 46 年初入社服務。創立板信是家父提倡的，在此之前籌備工作多由家父親自處理，我因家父關係就暫任出納工作，正式開業那幾天也都在社幫忙。創立會後，理、監事有一個「不任用三等血親為職

員」的共識，這個條件經過一段時間後，才形成具文，不過家父率先履行，故開業後數天，就請林重豪入板信接續我出納的工作，我則回任菸酒配銷所。

七、邱主席兄弟及堂兄弟在事業上及政治上的經歷

家父共生有七子、四女，兄弟分別為我（明政）、明信、明聰、明昭、明道、明堂、明亮；姊妹為美惠、淑惠、松惠、淑瑛。我為長子，「北商」畢業後，就職於「板橋菸酒配銷所」，在職前後約十年。結婚後，太太也在配銷所上班，我的職位最高至永和分站主任。配銷所的工作，到我擔任臺北縣議員後，因議員職務繁忙，無法兼顧才辭去。

在擔任議員期間，家父與友人合夥經營的板橋環球戲院（位於南門街現金環球廣場），因環境影響經營不甚理想，經股東決議改組。改組後本人被推選為董事長。我改變原有經營方式，增加設備，改善座椅，精挑影片使電影賣座，盈餘日進。於是又收購後埔區的馨華戲院，並利用二樓部分，加設一個小型劇院，名為金華劇院，除電影外，亦推出綜藝性質的歌唱秀。

戲院經營，在我擔任板信理事主席後，即將戲院業務交由總經理全權處理，每月例行董事會或重要事務才親臨主持。個人則全心於合作社之經營，將板信當成自己的事業。戲院事業也在大環境的改變下，漸成黃昏產業，又因板橋地區人口迅速成長，對房地產需求日增，乃將馨華戲院院址，出售與建商改建為住宅大樓。環球戲院也改建為商業大樓，作為商務使用，原有股東都無變異合作至今，仍由本人擔任董事長。

除了板信及戲院事業外，尚有數項兼職及「救國團」臺北縣團委會的職務，因為本人在任縣議員時，曾為救國團團部游泳池興建向縣政府爭取部分經費，任板信理事主席期間，亦曾數度撥經費補助「救國團」活動，所以板信除本人外，陳總經理及幾位幹部也曾擔任該團委員。

本人因已先後任職板橋菸酒配銷所及板橋信用合作社理事主席職務，家父個人事業榮隆飲料有限公司，經營黑松汽水及相關飲料的配銷，乃由二弟明信接掌。三弟明聰成家後，另於中和成立永和泰商行、群和食品有限公司，自立經銷黑松汽水中、永和地區配銷業務。二弟明信配銷區域則為板橋、樹林地區。二人的配銷事業，至二人退休後，結束相關配銷事業，黑松公司才將飲料業務收回直營。

　　四弟明昭退伍後，則進入公賣局直營的配銷處任職。在民國六十九年，公賣局政策上將「板橋配銷所」的菸酒配銷業務收回，改為直營。家父年事已高，也於同時間退休，並推薦明昭接任改制後的「板橋配銷處」主任的職務。明昭為人活潑，個性豪爽，交遊廣闊。在職期間，受到公賣局內同事之推崇，被選任為公賣局員工公會理事的職務。更在公賣局改制為公司時，被公會推舉為代表，出任臺灣菸酒公司董事會董事職務，至退休止。

　　至於五弟明道，讀書時學習美工，退伍後從事室內設計工作，也曾自立創業經營建築事業。成家後，因當時社會民主思想澎湃，在一次赴美旅遊時，看到美國的民主制度頗為羨慕，乃興起移民「美、加」的念頭，最後以投資的名義獲得加拿大的投資移民資格。他旅居加拿大多年，在「加」也是從事室內設計工作，生活尚可。他二個子女教育的很好，兒子在加拿大某大醫院當骨科主治醫生，女兒在「加」當任會計師工作，社會、經濟地位很好。另二位弟弟明堂、明亮退伍後，都自行創業、成家，在事業上亦有成就。

八、邱主席的求學、婚姻與家庭情形

　　臺灣光復時剛完成小學學業，即日治時期的公學校，當時年記才十一、二歲有些事物記憶並不十分深刻，依那時的社會氣氛，各人的感受可能各有不同。我以為那段期間，日本政府在臺灣推行的皇民化運動，因為年紀尚小未感受到強大的壓力，只覺得日本政府政策上，有大力鼓吹臺籍人民的改姓運動及國語家庭運動，但這二項政策並無強制性，是有選擇的，不是每個家庭都能得到國語家庭與核准改姓。家父在時勢所趨下，也提出改姓名為「岡村隆吉」，我原本臺灣名字為「邱定嘉」，則改為「岡村明政」，光復後只恢復本姓，名字依然使用「明政」。

　　日治時期，在小學求學階段，有這項轉轍，所以在板橋國小一百周年慶時，本人將個人所保留在校成績單、獎狀，甚至畢業照等，提供板橋國小作為展覽品，來顯現這段歷史，將我個人在學經歷，原名為何，何時改名，何時改回原姓，作為那段歷史的見證。尤其畢業照，本班的照片連學校也無留存，我特地將照片放大送給學校。

　　小學畢業那年正值台灣光復，日本學制改為中國學制，日本是每年二月寒假時為每一學年結束，中國學制則每一學年結束於六月暑假時。所以那一年的初中一年級共讀了一年半，而我是讀台北商業職業學校初商部（「北商」，

五十七年以後改制為「台北商專」），初商畢業後，在家幫助家父經商。兩年後，再進入北商高商夜間部繼續完成高商的學業。

我的大兒子顯忠對戲劇藝術特別感興趣，曾開玩笑說，他走入這一行是我害他的，因為我曾經營戲院，他從小看電影長大。顯忠初中、高中就讀在興中學，成績優良。大學考上政大新聞系。畢業後，進入公共電視台前身「光啟社」服務，工作一段期間後，感覺有再進修的必要，乃赴美攻讀碩士，學習電視、電影製作，在美讀書前後共四年。他的畢業作品得到美國艾美獎中的一項，表彰學生創作項目的艾美獎，在美國報紙曾經刊登過，得到這座獎項特別可貴之處，在於自艾美獎設立以來第一次由美國籍以外的學生得到，臺灣有幾家報社特別轉載這項報導。

顯忠美國留學回台後，公共電視台已經在籌備中，特別邀請他進入籌備處當導播。這段期間，他製作一部「臺灣百年電影志」，以日治時期五十年，光復後五十年為期間。為取得日治時期的資料，曾先後到日本數次，訪問當事人或其後代，有些影片還向日本 NHK 電視台買版權，剪接了十幾集，試播了幾集後，公視籌備工作有些停頓，已制作完的影帶就捐給電影圖書館。他個人則離職到民間電視台工作，直到公視正式成立再邀請他回任，現任公視節目部制作編審的職務。

回任後，他又製作一部「臺灣百年人物誌」，將日治時期到光復以後百年間，對臺灣有貢獻而在民間較不顯著的人物，這部影片完成後，就得到當年的金鐘獎，電視台推他個人上台領獎接受表揚。接著再製作一部有關臺灣美術藝術人物的影集，「以藝術之名」曾入圍臺新藝術獎。……

九、家族父叔輩及堂兄弟事業上的成就及參與板信的情形

在父執輩中，除家父外，以五叔春木、六叔海水參與板信社務最多，尤其海水叔，籌備板信時，他已擔任台北縣第三屆縣議會議員，與家父同為民意代表，為籌備事宜需與各級政府機關接洽，大多由他們兩人出面。板信創立後，家父擔任理事主席，海水叔擔任理事的職務；春木叔初期則只擔任社員代表，到第五屆理事會理事增額至十五名，方參與理事會理事。家父兄弟三人從創社起，家父共任理事主席六屆十八年；海水叔擔任理事十二屆三十六年；春木叔擔任社員代表一至六屆，理事六至十屆，前後三十年。

兄弟輩中，本人於六十四年，家父退休前，進入板信擔任第七屆理事會理事，第八屆理事主席至第十二屆退休，先後十八年。家父退休時，各界即力主我擔任理事主席，這項建議爲家父反對，他認爲不宜在他退休時立即由我接任，經協調後乃由林平賜接任。林理事主席任內發生「永和分社弊案」，第八屆理事會改選時，本人即順勢被推爲理事主席。

在家族中，以家父這一支系參與板信社務最深，除我外，二弟明信擔任過三屆社員代表，第十三屆理事會起也參與板信擔任理事，迄目前仍擔任「板信商銀」常務董事職務；另三弟明聰、四弟明昭都先後擔任過板信社員代表多屆，直至板信改制爲商銀止。在堂兄弟中，春木叔、海水叔退休時，都有意安排各自的子女出來競選板信理、監事的職務，但二位叔叔的子女，多無意願參與，在他們退休後，二家的堂兄弟就淡出板信的社務。

十、邱春木、邱海水兩位前理事在事業上如何轉換

兩位叔叔在光復前米糧批售生意就經營得非常成功，信譽良好，頗受農友們信賴，也積存了相當的資產。最初由海水叔開始，有農民願意出售農地，在「有地斯有財」的傳統觀念下，兩位叔叔也樂意收購農地。光復後，兩人手上已有相當數量的農地，不過在推行「三七五減租」政策時，被放領了一部分。當時一個地主，最多只能保留三甲地，他們農地雖然被放領了大部分，後來以農民身分繼續收購農地。這些農地大部分位於板橋、中和、土城等鄰近地區，這些地區也因臺灣經濟發展繁榮起來，人口大量移入，住宅需求非常強烈，政府經由擴大都市計畫，將鄰近市區原本的農業用地，變更爲都市區域內。他們擁有的農地大部分被納入這些城市的都市計畫範圍內，有部份劃爲學校或公園等公共用地，其他很大的部分成爲商業或住宅區。民國六○、七○年代左右，二人原有米糧批售事業，也因爲經濟成長，消費型態變更，由最早的米店、雜貨店零售白米的通路，改爲包裝米在大賣場販售，而逐漸萎縮。約在同時，臺灣北部，尤其臺北市鄰近地區，人口增加迅速，住宅需求非常殷切，他們就先後結束米糧生意，投入建築事業。往後，海水叔所推出的建案，都使用自有的土地；春木叔除了在原有自有土地推案外，亦在基隆、三峽購地。他個人在三峽地區就有幾十甲山坡地，他生前有一個願望，願用這些山坡地興建寺廟或醫院，他的家人就繼承他的遺願，將部分山坡地

捐給「法鼓山」興建道場，作為公益用地。這二家堂兄弟中，除春叔長子邱仁賢外，目前大多淡出建築業。

十一、個人從政及轉入板信之間的歷程

民國五十六年，我三十四歲，在家父及親友的鼓勵下參選台北縣第七屆縣議員選舉，於五十七年初投票，順利當選。我共參選二屆縣議員選舉，二屆的任期都因故延長，故前後共約十年。在第一任縣議員任期結束前，在各界鼓勵下，有意願投入六十二年板橋市第二屆市長選舉。那時，郭政一亦參予爭取國民黨的市長提名，二人的參選意願都十分強烈，這讓黨部難與取捨，提名作業非常為難，地方黨內前輩乃紛紛出面協調，先後多次都未達成協議。最後在「以和為貴」的原則下，雙方同意並立下協議書，由王以文為首，與板橋市前後歷任鎮、市長、代表會主席十多人共同簽名見證：板橋市第二屆市長提名郭政一參選，第三屆市長再提名本人的方案，我則繼續參選第八屆台北縣縣議員的職務。

六十四年家父決定自板信退休，不再擔任理事主席，理事的職缺就由我參與選任。市長選舉後，經過二年情勢有很大變化，六十六年中，第三屆板橋市長提名作業即將開始時前，板橋市內的里長發起由郭政一連任的聲明並聯署，聲勢浩大，這讓黨部更加為難，黨內乃協調本人放棄協議，參選省議員的職務，本人以當初雙方曾經協議，拒絕黨部要求，黨部乃協調由海水叔長子邱益三參選省議員。

六十六年市長提名未依協議處理，第九屆縣議員選舉本人就未參與競選。第八屆任期也在六十七年初任期屆滿，板信第七屆理事會亦在六十七年初改選，經各方敦促及林平賜主席任內發生「永和分社弊案」影響，本人毅然投入板信第八屆理事會理事及理事主席選舉，很榮幸獲得支持，順利當選，自此本人就全心投入板信的經營。

十二、板信理、監事、社員代表在事業上、商業上合作的情形

在民國 76 年臺灣股市投資開始受到社會大眾的重視，政府亦開放證券公司成立的限制。當時是一股風潮，板信社員代表紀清田也以為投資經營證券公司相當可為，有意發起籌組證券公司，他以「板信證卷」股份有限公司，為新公司的名稱，板橋地方人士認股踴躍，很快就募足。大約在「板信證卷」

募股同時，本社理事郭佑福也有意成立證卷經紀公司，乃由本人、郭佑福、劉炳偉、吳滄富、徐秀廷等為發起人，各負責招募部分股權，股金一億元，成立「海山證卷」公司。「海山證卷」募股，同樣認股踴躍，很快就募足。「海山證卷」開業後，仍有許多朋友有很高的意願參與證卷業，於是又發起成立「廣盛證卷」公司，「廣盛」我也有參加，投資部份股權。「板信」、「海山」、「廣盛」三家證卷經紀商先後成立，這是板信理、監事、社員代表間合作投資事業最具體的例子。其它由本社相關人士間，在商業上相互合夥、合作的案例是不勝枚舉。

十三、板橋地區邱、劉、郭、三個家族在板信裡的互動

板信從創立到改制為「板信商銀」，前後 40 年，家父擔任理事主席 18 年，本人從擔任理事至卸任理事主席，前後也有 18 年，中間一任由林平賜主席擔任，最後兩任是劉炳輝董事長擔任主席。別人感受如何，我不能代為表示。但我個人從未感覺板信理、監事會，在運作上有派系對立的情形存在，家父也從未表示他在任期間有派系問題。

在板信 40 年的歷史裡，前後有數十位理、監事在任，如以「血親」關係，家族內參與板信理、監事會職務的人，最多時有 3 人，前後 5 人。家父邱榮隆、叔父邱春木、邱海水、本人、二弟邱明信。劉家參與的家族成員，最多時也是 3 人，前後共 4 人，劉順和、劉炳輝、劉炳煌、劉朝升。郭家只有郭道明一人，他是林主席的女婿。我們三個家族成員與每位理、監事同仁都是有相當交情的朋友。創社時，家父與劉順和理事是板橋鎮代表會的同儕，與林平賜主席在商場上也是長期的夥伴，都有世代交好的情誼。在板信的四十年歷史裡，各屆理、監事大家都是朋友關係。

在地方政治上，光復初期，邱家、劉家較積極參與地方民意代表選舉，自第五屆鎮民代表會起，家父與劉順和理事同為鎮民代表，劉家即支持家父擔任代表會主席，所以後來在地方選舉上，兩家在縣級以上的選舉都有互相奧援，劉順天選鎮長、市長，劉炳偉選省議員、立法委員，邱家也都全力支持。邱益三選省議員時劉家也盡力協助。

郭家則是從郭政一先生選第二屆市長開始積極投入地方政治。因為本人曾與郭政一在第二屆市長選舉時，同時爭取國民黨黨內提名，雙方曾僵持不下，經地方人士協調後，由本人禮讓，我轉向金融界發展。同年，家父自板

信退休，家父堅決認爲板信是全體社員的，反對家人續任理事主席職務，他原意敦請劉順和理事接任，劉理事爲人謙和低調，並無意願擔任。理事主席接續人選虛懸一陣子，後林平賜主席表示，他曾兼任經理職務，有意更上一層樓，當屆理事會就選任林主席接任。

66 年，林主席任內發生「永和分社弊案」，雖然案情單純，但涉及客戶多人，且公私難分，爲處理這個弊案，林主席那年已 63 歲，感到有些心力不繼，對續任理事主席頗爲猶豫。67 年改選理、監事會，在林主席未積極表態下，經理事們詢求家父同意下，推我接任板信理事主席的職務。

因爲在市長提名上及板信理事主席選舉，有這段緣故，又林主席是郭道明理事岳父，社會上好事之人即繪聲繪影的宣染，讓外界某些人私下以爲邱家、劉家、郭家三派對立的假象。其實，從 70 年以後，邱家已不參與地方政治事務，劉家、郭家在未來數年也慢慢淡出地方選舉，在板信內部並未因這兩項因素，影響理、監事間的和諧。

十四、邱、劉、郭三家在地方政治上的互動

地方政治上，家父在第七屆鎮民代表任滿後，就專心於板信及「板橋配銷所」的工作，不再介入選舉。叔父邱海水擔任第三、四兩屆縣議員，任滿後也未再參與地方政治。本人則是擔任第七、八兩任縣議員，在爭取第二屆板橋市長黨內提名，經協調退出後，就參加板信，被選任爲第七屆理事，不再從事地方選舉。民國 70 年，堂弟邱益三第六屆省議員任滿，邱家的人員就退出政治圈，未再積極參加地方公職選舉。

邱、劉兩家，從家父與劉順和理事同爲鎮民代表起，就是很好的朋友，在地方選舉上常互相奧援，所以劉順天選板橋鎮長、市長，及後來劉炳偉選省議員、立法委員時，邱家都以個人名義全力輔選，也呼籲板信同仁鼎力支持。

與郭家，在地方選舉上最主要的交集，是本人與郭政一先生同時爭取板橋市第二屆市長黨內提名，相互間有一番較勁，後經蘇縣長等地方人士協調，由本人禮讓。事後，因緣際會各自發展，本人參與板信，就往金融界這個領域深入經營，郭政一先生則繼續往政壇發揮長才，事過境遷後，彼此間也互相保持友好交情。

至於其他地方上的選舉，因為參選人多，並各有不同的關係，所以在市民代表、縣議員這種較地方性質的選舉，板信則盡可能保持中立，不支持特定人選，理、監事中有人參與這兩項選舉時，也都能體諒社方的苦心。

十五、內部的各項選任人員選舉各候選人從事的競選活動

信用合作社是以「人」為組織之要件，「平等互惠」為經營原則。每一社員權利義務相同，不因出資額大小有不同的區別或限制。所以選舉時「一人一票，票票等值」，信用合作社社員人數超過 500 人以上時，必須選舉社員代表最少 100 人以上，組成「社員代表大會」，為信用合作社最高權力機構，代表全體社員行使權利。再由社員代表選舉理、監事，組織理事會、監事會各行職務。板信初創時，各界都在觀望，所以社員代表、理、監事，都是以敦聘、協調方式產生的，至板信社、業務日漸穩固，有意願參與者日增，才有競選活動。社員代表選舉是按人數分區舉行，初期也是邀請各區有名望的人士協調出任，後來有意出任理、監事者，會安排自己親友出來選任，才慢慢有競選。但板信社員日增，無法利用人頭社員來控制選舉，所以大多以協調候選人方式產生，到了板信改制前二屆，新銀行競立，社會上大家爭入銀行為股東，本社改制銀行勢在必行，社員爭為社員代表，才有劇烈的競選活動。

板信經營普獲各界肯定、信任，所以擔任社員代表、理、監事者也普獲認同。加上理、監事選舉是採二分之一連記法的選舉辦法，選舉與各個候選人的行事、品性，與社員代表間的交情、互動，親疏、遠近各有關連，多年來每位候選人間的合縱、連橫已形成一定模式，有意參與理、監事競選者，必須衡量自己的實力，很少有貿然行事者，故變動不大，選舉較多以協調方式產生候選人。

十六、板信社、業務的運作

板信的組織系統中，社員代表、理、監事的職務依規定系透過選舉產生。在家父及本人擔任理事主席任期內，從未阻止某人參與板信的行列。創社初期，規模尚小，這些職務有時須以敦請的方式請人擔任，中後期至改制商銀，板信社業務日趨茁壯，漸獲地方人士信賴，社、業務、盈餘年年成長，有意參與者日增，相關的選舉事務、候選人的推舉，則儘量以協調方式產生，如有競選也是力求和諧，所以未曾發生過衝突事件。

至於平時社業、務的推行，例行會議的議題討論，每屆理、監事同仁都能秉持理性論述的原則，融合各項寶貴意見，形成決議施行。如有疑異也以穩健的方式處理，待疑慮澄清後再提出可行方案。合理的事項更能以一致的行動全力推行。所以板信的理、監事會少以表決的方式作成決議，各屆理、監事同仁都是以的「少數服從多數，多數尊重少數」最民主的方法決定各項議案。

十七、在擔任板信理事主席期間，處理各項人、事、物時，秉持的理念與原則

我主持板信的期間處理社、業務力求「以和為貴」，「遵行法令」為第一要務，「杜決特權」、「達成預算」、並注重「社員福利」為原則，以「穩健」的態度來處理所有的事物。

首先「以和為貴」，從家父到我主持板信各項會議，都力求和諧，注重溝通，只要不違反法令，好的意見一定誠心接納，如屬滯礙難行或超出規定的議案，一定採取溝通方法，求取諒解，有必要時由本人親臨向當事人解釋，或透過必要之人士取得共識。超過規定之事項，又為部分社員代表所堅持的，則不厭其煩的向主管機關請求明確的依據，讓提議者了解法令之真意，改變他個人的見解。所以板信歷任理事主席，在主持各項會議時，議案幾乎沒有以表決方式作成決議。如有意見不同，也都以「少數服從多數，多數尊重少數」，讓少數人能發表其見解及看法的機會。

第二項「遵行法令」，板信歷年的社、業務表現很好，存放比例都很適當，活期存款比例也很高，最高達到50幾％，利差很好，每年盈餘常創新紀錄，曾是信用合作社最好的。除了社、業務好外，並遵守中央主管機關規定的各項法令，曾被財政部長陳冲，在電視新聞受訪時，譽板信為「金融界的模範生」，中央主管機關金融局專員張明道或其他官員，對板信也十分推崇、信任。能獲得各界信賴除社、業務量好外，「遵行法令」是歷任理事主席、全體理、監事遵奉不逾的信條，有時因無心之過，一經發現立即改過，絕不推諉。

第三項「杜絕特權」，堅決反對理、監事、社員代表利用特權作過多的要求，尤其授信業務，不管任何人申請放款，一定依主管機關的規定，及板信理事會通過的辦法辦理。所以本社的授信業務品質一直都很優良，連續二、三十年無壞帳的優良紀錄。

第四項「達成預算」，每年的業務、盈餘預算均以穩健的原則編列，不作過大幅度的擴張，也有部分社員代表或各別理、監事會建議編列較積極性預算，期能拓展規模，挑戰公營銀行，但我個人以為金融業以穩健最重要，在經營的過程中，不容有絲毫差錯。但量力而為也要盡最大的努力，所以每年預算我都會與全體員工工同努力達成。

第五項注重「社員福利」，因為理、監事、社員代表的支持，及全體員工的努力，每年都能達成預算，獲得很好的盈餘，使本社有能力每年發放股息及社員紀念品、舉辦社員活動等福利。尤其社員股利及獎勵金等現金福利，最好的時候達到股金的 25％。這項措施曾受財政部關切，認為超過合作社法規定，與發放股息不得超過股金 10％的條文不符，嚴重到理事主席會受罰款。為解決這個問題，乃提請理事會通過，除了每年應提列的公積金外，另編列特別公積金項目，更提足「壞帳準備」，堅實資本結構，才逐年降低獎勵金發放的成數，以符合合作社法的規定，這使板信的股東權益大增，這三項資本公積金，在改制前實際累積已有二十幾億元，為同業之冠。

另外本社經營以穩健為原則外，也鼓勵員工，將在板信的服務，當成自己的事業經營。本人從入板信服務後，就未兼任其他事業，也是將板信當自己的事業在經營。當時「公司內創業」這個名詞尚未流行，板信員工在創立後就已經這樣做了。

十八、參與板信社務者多數人是抱著何種心態

在板信 40 年的歷史裡，參與者眾多，無法一一了解，如果要探討，我個人以為，創社初期的社員代表理、監事，是抱有「使命感」的心理，家父就是他們的代表，創社之初，經營能否成功，是一個很大的「未知數」，要錢沒錢，要人沒人，很多事務籌備者尚須自掏腰包，如此沒有好處的工作，沒有「使命感」是難以支持到底的。

中後期以後，參與板信事務者是具有「認同感」的心理。他們可能是社員、顧客接觸本社後，認同理、監事會的經營方針，認為參與板信是件光榮的事，他們要的是「名」，是「好名聲」，也就是「清譽」。因為成為板信理、監事、社員代表，除了參加會議的區區車馬費外，存款利率也不因此增加，放款利率也未能優惠，放款額度更按規章辦理，欲得「利」者，不是他們參與的目的。

十九、評議會的組織大部分信用合作社同業多未設置，而板信能設置的原因

設置評議會是主管機關非常反對的事，本社社員代表大會曾在多次會期提出，並通過設置，承主管機關報備屢被否決，認為沒有實質效益。不過社員代表大會為信用合作社的最高權力機構，理事會是秉持社員大會議決的執行單位，且依合作社法規定可以設置，本社即依該法規定及社員代表大會決議執行，設置了評議會。雖然事後評議會並未發生實值效應，不過在理事會與社員代表大會之間多了一個溝通管道，對於個別社員代表所堅持的問題，除了本人直接講解外，有時亦可透過評議會向該代表解說，取得共識。

二十、依個人認知板信成功的原因

我個人以為板信的成功有「天時、地利、人和」三項因素，不過以「人和」及「向心力」最為重要。天時，有人認為板信因台灣經濟起飛，趁勢興起。地利方面，認為板信鄰近台北市，託台北市發展之福。但我個人不完全同意，台灣經濟起飛，享受到利益的是全台人民及企業，鄰近台北市或在台北市的信用合作社也有經營不好的。所以這兩點不是本社經營成功的絕對因素，最重要的是「人和」及「向心力」。

從板信創社起，社員、社員代表、理、監事、員工都「認同」本社「穩健」的經營原則，大家因認同而產生一致的行為，對理事會提出的經營方針都全力支持，這就是「向心力」。

從家父至本人主持板信的期間都是秉持「以和為貴」的理念，來推行各項社、務，及相關人事，因為社內和諧團結，讓員工放心執行本身工作，無所阻礙，使各項事務都能順利推行，年年達成各項預算目標。所以板信成功，除了「向心力」外，「人和」也是重主要的因素。

二十一、對板信改制成商業銀行及承受高雄五信的看法

改制為「商業銀行」，在我的任期內就已經在推行，這個方案我沒有相反的意見。但承受高雄五信，我是有疑慮的，板信多位理事曾與我研討過這個問題。

我的疑慮最主要是，

（一）環境不熟，板信在北部地區有很好的知名度，在高雄地區有多少人認識

板信。

（二）幹部不足，板信原有幹部，於單純改制區域銀行這個方案中，人力綽綽有餘，但一時間要承接營業單位比板信多近一倍的高雄五信人事上就顯然難以調配。

（三）高雄五信原有人事的處理，分行經、副理的任免，如何扭轉原有員工的向心力等，就是很高難度。

（四）虧損額度，承受前派員評估損失約 30 億元，是否確定，有沒有隱藏性損失未被發現等，尚未釐清。

大部分理事也不同意承受高雄五信，因為劉董事長對改制方案很積極，又受財政部的壓力及口頭上承諾的優厚條件等因素，才勉強同意提理事會討論，經數次理事會激烈辯論，始終未通過承接高雄五信案。

到了 7 月底前，高雄五信虧空案有新的發展，財政部特別派員蒞社，要求劉董事長開臨時董事會。依我了解，臨會的主管機關人員，對本社疑慮一一解釋，並提出解決方案：

（一）對高雄五信承接案，在資金周轉上，可以提供 100 億元以上低利借款供本社運用。

（二）約 30 億元之虧損，財政部同意本社分 20 年攤銷。

（三）高雄五信原有分社，不符成本效益的單位，財政部同意分年遷移適當地點。

（四）板信可跨區經營，成為準全國性商業銀行。

在種種優厚的誘因下，與會理事經主管機關官員口頭上的承諾，才決議承受高雄五信，不過事後，與會主管官員的承諾，似乎多未實質履行。100 億資金從未到位，30 億元之虧損，也被要求盡速從每年盈餘中打消，分行遷移也被重重限制。結果由劉董事長承擔這些責任，個人認為他受委屈。

附錄三

葉進一訪談紀錄

時間：民國 98 年 12 月 11 日下午

地點：板信商銀顧問辦公室

受訪者：板信商銀常駐監察人葉進一

訪談者：中央大學歷史研究所在職班學生魏占峯

訪談內容

一、個人參與板信的機緣

　　個人從讀書起，就與家人長住台北市，對板橋的社會、政商關係比較生疏。退役後就業也在台北市，26 歲時擔任建成機械公司會計主任，這家公司也如台灣早期的企業，屬於家族公司，與台北市一信往來。當時對信用合作社的印象不佳，存匯作業非常不便，公司的代收票據保存在公司內，到期才抽出存入戶頭，有些票據比銀行要慢好幾天時間才能收到款項。我就任以後，就更改會計作業，在彰化銀行開戶，將未到期票據存入銀行代收，省去了許多的不便，又穩當，不怕遺忘或遺失。

　　民國 70 年前後，參與一些事業及建築投資才辭去工作，回到江子翠老家，72 年才正式定居在板橋。之前，內人已替我在板信華江分社開戶，某天陪她到華江分社辦理存款，初，與板信行員不熟，人就坐在櫃台外。那天，在營業廳內巧遇族兄葉萬益，葉萬益那時已擔任板信社員代表，也是存款優良戶。

張玉翔當時擔任華江分社副理，知道我們相識，先邀我入內認識，中午又受邀一齊便餐，相談之下，感覺板信與過去認知的信用合作社不一樣，沒有多久，板信就成為我個人的往來銀行。

72年底，板信舉行第12屆社員代表選舉，是我弟媳幫我報名的。我自台北市遷回江子翠時間還很短，認識的人有限，對板信認知也有限，卻碰上江子翠區社員代表選舉，首次競選。經過激烈的競選活動，如何當選我也有點莫名其妙，大概我為人尚能被朋友、鄉親接受。之前，江子翠區社員代表都是協調產生，那一屆，本社江子翠在地的陳姓理事，推出了數位親朋參選，在協調時，大家互不相讓，協調不成，乃開放競選，自此以後，江子翠區社代選舉都是經過激烈的競選後產生的。

我參選監事也是很偶然的機緣，78年底，王世原已經轉任理事，江子翠區未再有人擔任板信監事職務。在一次聚餐時，郭讚金代表（社員代表），半開玩笑的說，本區（江子翠區）已經2、3屆無人參選監事，在代表裏，只有我有候選的資格，鼓勵同桌的社員代表支持我參選，當時未置可否。第二天，外界已經繪聲繪影的傳開來了，與我友好的人士更大力鼓吹，讓我騎虎難下。本社理監事選舉，採聯記法，當選最低票數最少也要60票上下，江子翠區社員代表人數才20人左右，本社的業務區域遼闊，社員代表眾多，我只參與2屆代表會，與各區代表互動尚嫌不足，單靠個人能力是無法當選的，全靠江子翠區與各區朋友幫忙，才能順利當選本社第34屆監事，並連任至今。

二、對監事會功能的看法及領導監事執行監事會職責

理、監事會同為信用合作社的法定會議，理事會依法負責執行社員代表大會的決議事項，理事主席對外代表合作社，並對理事會負責。監事會負責監督，直接對社員代表大會負責，與理事會同等重要。我個人在執行監事職權時，都本著一切依法行事，對事不對人。與監事會同仁，處理本社事務，均以公家利益為重，事事不為自己利益打算，對員工也是以同樣標準對待。

三、對板信改制的過程及對改制、接收高雄五信的看法

改制這條路是勢在必行的道路，不過「事後諸葛」，似乎改制的時機急躁了一點。改制的時候人員的訓練正在進行中，改制後增加那麼多的業務，人

員訓練不足問題就立即顯現，加上接收高雄五信，人力更顯不足，外聘的專業人才，向心力的問題一直是個困擾。

主管機關向本社提出接收高雄五信的案由，一開始本人就比較有保留的意見，劉主席是有理想的人，但對大家所提的疑慮，他也非常認同。在召集第一次會議的第二天，劉主席及本人與陳總經理就南下高雄了解，其後理監事也分批至高雄五信聽取簡報。高雄五信真正的虧損到底有多少，他們提出的報表是否有所隱藏，短時間內實在無法理清的。可是在主管機關強力建議下，劉主席亦連續召開了幾次會議，大家的態度都相當一致，遲遲無法同意接收。七月份時，召開最後一次會議，下午 4 點多開始討論，會中仍以不宜概括承受作成決議。

五點多散會，卻在當晚十點多時，又緊急接到開會通知，連夜召開臨時會，財政局 2 位主管官員曾國烈、張道明列席說明，提出數項優惠條件，包括提供 150 億無息或低利資金融通，開放成為全國性商業銀行等，並一一針對理監事的疑慮提出對應的作法。會議連開了幾個小時，理監事所有的疑慮，都得到與會官員口頭保證後，才勉強同意接手高雄五信。事後很遺憾的，當時答應的解決方案，多未能確實的履行，讓與會理監事，事後都有受騙的感覺。不過板信也很勇敢得承擔下來，理監事會至今從未互相推諉責任。

附錄四

陳錦成訪談紀錄

時間：2008 年 9 月 26 日上午、11 月 5 日上午。
地點：板信總行 4 樓顧問辦公室
受訪者：板信前總經理陳錦成
訪談人：中央大學歷史研究所在職專班學生魏占峯
訪談內容：

一、家族在板橋的發展

我的家族並無顯耀之背景，只是一般平常人家，原住台北市，在第二次大戰期間才搬至當時的板橋街內。戰爭中後期時，曾為躲避美軍空襲，一度遷至浮洲地區，戰爭結束後就定居在板橋。

二、成長與就學情形

家父是經營西服店，家母是續弦，生有二女三男，我從母姓，排行上有一同父異母兄一人。兩個姊妹在當時重男輕女的社會環境下，小學畢業就出外工作貼補家計，本人則為「北商」高商部畢業，兩個弟弟，一個輔大畢業，一個臺北師專畢業。我在二戰結束日本投降前一年，自小學畢業。

日治時代，尤其戰爭後期，為了支援戰爭，臺灣人民都處於物資缺乏的大環境中，生活能夠獲得溫飽已經不容易，物質上的享受就更談不上，大多

數的人都過一樣的日子，也就不特別難以忍受。小學畢業前，日本老師知道我家人口眾多，就指導我去報考台北商業學校（北商）初級部，希望能夠在畢業後，即能工作分擔家計。

日治時代臺北商業學校是專爲日本人設立的，每年只有一、二個名額留給臺灣人，而且在戰爭階段，一切從簡，僅以書面審查，所以那一年就被刷掉。隔年日本投降，國民政府接管，就改爲中國學制。我繼續報考北商初級部，這一屆共招收三班，板橋地區有十五名學生考上，我與李紹敦（板信副總經理退休）同年級。三年後，我與李紹敦一齊考試升上高商部，板橋地區只有四名學生考上，其中女生有一名。

在學期間寒暑假，學校都有規定功課，尤其珠算作業；我多有依老師指示完成功課，所以我的珠算能力大增，珠算老師特別將我推薦入學校珠算隊，這項技能對我後來在工作上有很大幫助。

三、婚姻及家庭概況

我 31 歲才結婚，在那個年代算是晚婚。共育二男一女，女兒最大，五專畢業，女婿從事建築師，大女兒生子後就作專職家管。大兒子輔大畢業，服軍官役，退伍後到永豐餘企業工作，工作一年餘，再赴美國喬治亞州立亞特蘭大大學攻讀企管系碩士，回國後，永豐餘特別再邀請他回該公司國外部上班。二兒子退伍後，赴日本城西大學企管系就讀學位，目前在私人公司就業。個人自板信退休後，承蒙劉董事長關愛，安排入「板信商銀」擔任專業董事至今，家庭頗爲和樂。

四、進入服務板信的因原

「北商」高商部畢業，學校安排我們參加政府舉辦的就業考試，類似現在的公務員「特考」。進入「農林公司」服務，當時「農林公司」尚未民營化。李副總（李紹敦）則考入「礦務局」前身的「煤調會」（煤礦調查會）。我在「農林」工作三、四年，接著補服了二十個月兵役，之前徵兵制度尚未完全實施時，曾被徵調服了四個月的補充兵。我在補服役的時候，邱創辦人正積極籌備板信，所以板信成立時，我尚在服役中。至次年（47 年）二月退伍，三月一日就入板信服務。職涯能夠如此緊湊接軌，因爲板信籌備時，邱創辦

人就已經與我洽妥好，退伍後入板信服務。故於 46 年 7 月 5 日板信開業當天，邱創辦人還特別要我向服役單位請假回來幫忙。

五、在板信的成就及主持板信的理念

我入板信時共有員工九名，經理由理事林平賜兼任，林平賜經理當時任職糧食局出納股長，是糧食局長李連春很親信的人。司庫由林前總經理重豪擔任（原名林水壙），也是兼職，他亦兼任於「板橋菸酒配銷所」會計的職務，與任職配銷所業務的呂新發（後升任配銷所總幹事），是邱創辦人主持菸酒配銷所的重要左右手。專職的有，文書劉金福、總務簡番王、職員朱茂陽（退休前任板信副總經理，現任板信商銀監察人）、汪仁欽（監事汪金土之子）、汪彩蓮（理事汪金傳之女）、張清秀（後爲理事邱木兒媳）、工役江萬。我是本社第一位商職畢業的員工，李副總經理紹敦於 48 年才進入本社，是第十二位入社服務的職員，也是第二位商職畢業的同仁。

進入板信從基層做起，擔任過司庫、副理，改總經理制後的副總經理，從擔任副理起，至林總經理退休後升任爲總經理，在副總經理這個職務前後共有 28 年的經歷。，這段期間，由林總經理綜理本社各項大小會議及對外事務之處理，社內業務管理、內部控制則由我主持。

在我入本社之前，在職的同仁，多爲一般高、初中學學歷，對帳務作業較無概念，工作上難免疏失；入社後，邱創辦人特別加重我對內部作業控管的責任，所以在擔任基層職務時，就承擔作業上的覆核工作。48 年，李副總經理經過我數次遊說，進入本社服務，擔任會計職務，讓板信更添生力軍，使帳務作業更加精準，加強客戶信心，業務逐日增長。

除了社內業務，與李副總經理常代表本社，參加台北縣基層金融間的社業務技能競賽，各項比賽大多由我們得到最佳成績，讓淡水一信個性好強的麥主理事席非常不服氣，極力獎勵淡一信員工盡力爭取榮譽，但效果不彰，這項優良傳統，本社後輩員工始終保持不墜。

我服務板信的這段期間，非常信服「人人爲我，我爲人人」的合作信條，以此爲服務社員、客戶的圭臬，業務方面以「穩健」爲最大原則，力求穩定再求成長，在業務區域內則極力爭取分社的設立，盡力擴大業務區域的範圍，故本社業務區域在各屆理、監事及兩位邱理事主席、林理事主席、劉董事長大力支持下得以擴大爲板橋、中、永和土城四個縣轄市，並改制成功爲商業銀行。

六、邱創辦人創立板信的原由及經過

　　邱創辦人在籌設板信時，恰巧本人在軍中服役未及共襄盛舉，並蒙邱創辦人不嫌棄，能夠延攬入社服務，唯這段盛舉，本人不克參與，所以籌備情形未知全貌，僅能憑事後各創社理、監事及邱創辦人事後提及的片段連綴而成。邱創辦人乃一介無私長者，創社時正值壯年，事業有成，在地方上屢擔任重要公職。民國 43 年，適任板橋鎮代表會主席職位，親見省政府及中央政府之公文，同意臺灣省各縣縣府所在地，未有信用合作社者，得新設立信用合作社一所。邱創辦人以為這是對板橋鎮未來發展的重要之契機，必須全力實現。初，因多數人認為此事多有困難，故裹足不前，邱創辦人見此等重要事務不容錯過，在眾人心存觀望之期，乃毅然挑起創設板信的重任，發起設立。

　　依我事後了解，創立經過確實困難重重，幸賴邱創辦人之毅力堅持，及創社理、監事、同仁等的不畏辛苦，才得以成立。股金募集是最為關鍵，每股股金 100 元，依當時之幣值是一筆相當大的金額，不是每個人負擔得起的，社會上經濟結構仍以農業為主，在板橋地區農民尚屬多數人口，以「農」為職業者，不得為信合社社員，合作社法又規定，每戶只能一人為社員，板橋區戶數不過七、八千戶，總數 50 萬元之股金，真是募集不易。

七、板信創社時是否有一條「不任用理、監事三等血親內之親屬為職員」的共識

　　這一個共識是比較晚才形成的，而且共識並無強制性，是在汪仁欽、汪彩蓮兩人進入合作社服務以後才取得的共識。我是在 47 年 3 月退伍後入社服務的，汪仁欽、汪彩蓮兩人在此前已經入社服務。創社之初員工才 9 人，扣掉兼職二人、工役一人，真正做事的人才 6 個人，理、監事子女就占三分之一，比率太高了。

　　創社時，事務繁雜，人手不足，邱明政主席年紀與我相仿，籌備期間短暫性、協助性參與應該是有的。

八、板橋菸酒配銷所在板信創社的募股過程中的重要性

　　邱榮隆主席在籌組板信前，擔任台灣省公賣局板橋菸酒配銷所主任的職

務，及自營的榮隆飲料公司代理「黑松汽水」。菸、酒與汽水飲料配銷的對象是各鄰、里眾多在地的雜貨店，這些雜貨店一般都有銷售菸、酒、飲料，以現代商業術語，各地的雜貨店就是配銷所的「通路」。

邱榮隆主席籌備板信時，這些雜貨店就是募集社員的對象。民國 40 年代，台灣人民生活還很清苦，各地雜貨店經營現金交易，手上有較多的資金，負擔得起 100 元的股金支出，所以籌備時及創社後的幾年內，透過配銷所及黑松汽水的通路所募集的社員，依我感覺占創社社員六、七成以上。

另外，舊板橋街五里內的其他行業，也是板信募集社員的重點，依現在板橋市行政區的範圍內，較大型的企業寥寥無幾，遠東紡織、中本紡織是上海幫，本土企業規模較大者只有「厚生公司」。位於「湳仔」的「毛巾會社」（東興公司）規模不大。兩家都有人入股板信，「厚生」董事長徐朝鳳也是籌備委員。當時在板橋舊街經營零售業的商家多，也是募集社員的重要地區，創社社員在舊街占有很大部分。

創社時，當時的交通不便，一個人的活動範圍有限，要遍及其他地區有困難，所以舊街是重點，舊街五個里以外各里，社員人數就相對的減少很多，在板橋地區招募不足，還向中、永和、土城、樹林各地募集，對象也以雜貨店、零售商為主，林宜火顧問在中和員山地區所募集的社員也是以雜貨店為對象。

九、板信創立初期業務拓展方法

板信與地方有很深的關係，與地方人士都熟，那時候社會尚未繁榮，經濟才剛萌芽，資金缺乏，較有錢的多是作生意、開店、市場攤販，他們白天生意忙不過來，也較無上銀行存款的習慣，板信為服務客戶，乃派員每天「到府服務」收取存款，客戶也很放心，將錢交來人收取。後來有人開始天天存入一定金額的「日仔錢」存款，於是開發類似「零存整付」的「富國存款」，每天五元、十元的存，習慣以後客戶就主動到社辦理存款業務。板信就是如此慢慢累積存款與存戶，最初收「日仔錢」的工作是由江萬、林武雄兩人擔任。

在信用合作社同業，板信是最早推出這種作法，但是板信沒有廣告，沒有宣傳，只是默默的做。後來「台北十信」也推出類似存款方法，因為他們有宣傳，並安排專門櫃檯，大肆廣告，所以聲勢很大。

這些「日仔錢」存戶每日存的金額雖然不大，日子久了對合作社信心日增，當他們手上有大筆金額時，自然會想把錢存在板信，這對板信爭取客戶有很大幫助，也是這樣建立起民眾對合作社的信任度，建立起日後發展的基礎。

十、在板信服務期間，感到最大壓力的工作

板信的成長是日積月累的成果，為能使業務日日茁壯，年年進步，合作社對存、放款、盈餘每年都訂下預算目標。創社初期，根基尚淺，存戶不多，存款量也少。要達成目標，需要全體員工全力以赴，每年都強力要求員工必須完成預算，尤其存款目標，邱榮隆主席要求一定要達成，所以每年年初，即規定每一員工需「勸募存款」，按職務分配額度，初期五萬、十萬，後期最高層級員工勸募額度達千萬。雖然隨時間過去，方法常作局部修改，並將達成預算的重大責任，賦予分行經理。但要求員工「勸募存款」這項措施，四十年從未間斷，形成一項傳統。雖然每年大部分的人多能完成分配的額度，但年初，配額分配下來，對每位員工都是一種沉重壓力。

十一、板橋市邱、劉、郭三個家族在板信內部的互動

依我個人在板信服務40年感覺，板信沒有派系之分，職員中更沒有分某某人是依靠那一個派系。理、監事間也沒有壁壘分明的情況發生。會被外界拿來作文章的情形，最常在理、監事選舉有競選的時候，各候選人為爭取選票，相互間的競爭會較為激烈。但大多時候理、監事是經過協調以同額競選方式選出的。有競選時，候選人登記完成後，大約已可以看出實力。選完，落選的人已不能加入理、監事行列，當選人私下是否內心有疙瘩，沒說外人也無從得知，從外表及事後互動上觀察，都和和氣氣的，相互間都以朋友相稱，議事時也沒人彼此抵制，或意氣用事的情況，所以個人認為在板信內部無壁壘分明的派系形成。

外界常提邱、郭兩家的競合，是因為第二屆市長國民黨黨內提名，邱明政及郭政一兩人同時參與提名，後雙方在蘇縣長等協調下，邱明政禮讓，轉入板信擔任理事。第三屆市長選舉，郭政一的氣勢已成，再次連任成功。邱明政就專心於板信，選任為理事主席，深耕金融界這個領域。這個過程中，經歷邱榮隆主席退休，林平賜主席擔任一屆就交接給邱明政主席，林主席又

是郭道明理事的岳父，這一轉折外界不明究理，私下就盛傳邱、郭兩家的競合。依我觀察認為，林主席是公務員交往單純，邱明政主席與林主席、郭理事互動良好，不是外人所認知的情況。

邱榮隆主席退休，由林平賜主席接任，是邱榮隆主席的用心，他不願意社會上誤認為邱家將板信作為自己的「家族事業」。起初安排劉順和理事繼任，但劉理事為人謙讓，無意擔任，所以由林主席接任，邱老主席他是樂觀其成。不幸，林主席任內發生「永和弊案」，與案情相關的客戶很多，處理起來相當棘手，讓林主席對連任意興闌珊，第八屆理事會，邱明政在過半理事擁戴下，在很平和的氣氛下移交理事主席的職務（邱明政 11 票，邱海水 4 票）。

邱家在地方政治選舉活動上，不願採行違規競選方式活動，民國 60、70 年左右，社會選舉風氣丕變，傳統選舉方法，較難獲得選票，邱家在邱益三省議員任滿後，就漸漸淡出地方政治。郭家中以郭政一當選過鎮民代表，連任兩屆板橋市長、又當選立法委員，在地方政壇有其知名度及影響力，現在也淡出政治。劉家，劉順和理事是劉家七兄弟的長兄，當過鎮民代表，為人謙和。政治上是以劉順天為主導者，當過板橋鎮長及改制後市長，企圖心強，讓劉家在板橋政、經界屢創高峰，省議會議長劉炳偉是劉順天長公子。劉家在劉炳偉立法委員任滿後，也漸淡出政治。所以近十幾年地方上較少提到三個家族的事務。

十二、板信內部社員代表、理監事選舉各候選人間的運作

本人曾參加專業理事的選舉，三位專業理事是保障名額，事先已安排妥當，也沒什麼競選。其他理、監事或社員代表大多時候以協調人選方式出任。社員代表選舉，部分由有意願擔任理、監事者安排親友出來選任，但大部分是自願參選的。社員代表選舉是單一選票，分區選舉，各區候選人依社員人數分配，板信社員眾多，最多時愈 10 萬人以上，自主性高，各理、監事無法用人頭社員方式控制選舉，選舉又很辛苦，所以有意參選社員代表者，本身也要認同「板信」才會參加選舉。

每位理、監事多少都會安排一些親友出任社員代表，理、監事選舉採二分之一連記法，板信有 15 位理事、5 位監事，每位社員代表可以圈選 7 位理事候選人、2 位監事候選人。除了自己至親好友，會同意由參選者全權安排選

票外，關係較疏者，最多讓參選者安排分投部分候選人，不可能全聽命某一候選人指定的選票。

十三、邱明政主席第12屆理事主席任滿就退休的原因

82年第12屆理事會任滿改選理事，邱主席那年61歲，精神、體力尚佳，他是體諒邱夫人身體才急流勇退。因為社會上已形成多元社會，社、業務越來越繁雜，主管機關對金融機構管制也越周詳，板信已經發展到相當大規模的程度，社員代表、理、監事對金融管制與績效突破，意見也越來越多。理事選舉競選也逾加激烈，每次理事會選舉，一、二個月的時間，邱夫人都擔心的很，影響到健康問題，邱明政主席擔心邱夫人身體健康，乃毅然退出「板信」理事會。

邱指席在決退休時，為穩定板信的經營，先徵詢各別理、監事意見，有意續任的理、監事多表示願支持劉家擔任板信理事主席。劉家各房中，以劉炳輝董事長曾擔任板信多屆理、監事及監事主席，對板信運作相當熟悉，與各屆理、監事間互動都很良好，有不錯的風評，本身亦有意願，所以第13屆起就由劉炳輝董事長擔任理事主席，板信也由他帶領下改制商銀成功。

十四、板信各項會議中，討論議題很少動用表決來議決事務的原因

板信是邱榮隆主席發起設立的，創社前擔任過板橋鎮代表會主席，他在會議上的風格，主張地方上事務「以和為貴」，所以他主持鎮代表會時就很少動用表決議事，寧可費時費力，用溝通的方法，來求取一致通過議決。這種行事風格，在他主持板信社員代表大會、社務會、理事會，都是採行這種議事原則。在會議上每個人的意見都受到尊重，大家更能秉持「民主」的方式，以「對事不對人」的議事原則做成決議。

邱明政主席也承襲邱榮隆主席的風格，主持板信的各項會議，這種不以「表決」的議事作法，在板信40年的歷史中幾乎成為傳統。即使在改制時，是否接受主管機關的建議，承接「高雄五信」，劉董事長也是尊重有疑慮的理、監事，經過數次會議，最後由主管機關派員，在會議上說服全部理、監事，才決議接收「高雄五信」。

十五、決議承接「高雄五信」當天會議的經過

　　當天下午 6 點多，會議上已通過決議，不承接「高雄五信」。決議消息傳到主管機關，那天晚上約在 10 點鐘，主管機關即派員到本社，要求劉董事長召集全體理事，要當面向全體理、監事說明及解釋。

　　會議上，本社理、監事一一提出心中疑慮，主管官員也一一提出解決方案。這些方案及會議內容、因應主管人員要求在「可做不可說」的原則下，不錄音、不作成文字記錄。事後，這些方案幾乎都未履行，讓板信有受騙的感覺。

附錄五

郭道明訪談紀錄

時間：民國 98 年 1 月 6 日上午 10 時 10 分

地點：慶憶企業股份有限公司辦公室（板橋市民權路 226 號 5 樓）

受訪者：現任：板信商業銀行常務董事郭道明

　　　　現任：板信資產管理公司董事長

　　　　　　　愛捷股份有限公司董事長

　　　　　　　2008～2009 年台灣國際扶輪社總監協會會長

　　　　曾任：板橋信用合作社第 5～14 屆理事

　　　　　　　板信商銀董事

　　　　　　　台北縣進出口公會理事長

　　　　　　　1998～1999 年國際扶輪社 3490 地區總監

訪談者：中央大學歷史研究所在職專班學生魏占峯

訪談內容

一、江子翠郭家在板橋地區的歷史沿革

　　板橋郭家原籍為泉州府人，約在乾隆、嘉慶年間來台，至今 200 多年，來台祖名諱為郭拱照。來台後即定居在板橋江子翠地區附近，以務農為生，後子孫繁衍，分支遍大台北地區，這一房則始終定居於板橋。宗族間每年都以郭氏始祖汾陽忠武王郭子儀聖誕之祭典作聯誼，由台北地區郭氏家族分區輪流主辦。

　　板橋地區本支族人，初以務農為主，在江子翠地區亦屬大家族，家族人口已超過千人。日治時期，家族內除了務農之外，開始有人從事小工商業之營生。家父諱柴山，也於日治時以經營米穀雜糧為業，開始小本經營，後來信譽良好，生意越做越大，光復後，生意已頗具規模。目前其他族人多不再務農為業，光復後出生之新生代，各行各業都有，得到國外博碩士之高等學位者不可勝數，從事教育界的堂兄弟及姪子輩也有很高比例。

　　在政治方面，江子翠郭家以堂兄郭政一最具代表，歷任板橋鎮代表、板橋市第二、三屆市長、國大代表等公職，近日已因病去世。其他族人有堂叔郭金榜、堂弟郭慶華曾先後任板橋市代會代表及主席等職務，姪媳婦王淑慧曾任台北縣議員。以人數比率來說，板橋郭家從政者不多，在其他行業成就較高。

二、個人家庭、婚姻及學經歷

　　家父從日治時代即從事米糧生意，光復後經營良好，頗具規模，後年事漸高，才結束營業。我於1941年出生，台北工專化工系畢業，後至日本深造，獲得日本名城大學碩士學位。退伍後從事進出口貿易至今。24歲與內人結婚，育有二男二女，兒女中有三人獲得美國碩士學位，一位獲澳洲之碩士學位，目前僅有一女尚待字閨中，其餘三個都已結婚，成家立業。

　　28歲時，板信經營規模日大，為擴大地方人士的參與，第五屆理事會改選，理事名額由原11人，增加為15人，我岳父林平賜為板信創社理事之一，連任4屆。民國53年華江橋開通，江子翠地區漸漸繁榮起來，入社社員日增，當時江子翠地區尚無地方人士參與板信理監事行列，岳父就舉薦我參加理事之選舉，很榮幸的獲得當選。本人從58年起擔任理事後，至目前擔任板信商銀常務董事，及板信商銀投資之板信資產管理公司董事長職務，前後近40年。是當前板信（泛指板橋信用合作社及板信商銀）理、監事（或董監事）中資歷最深之元老。

　　個人事業以經營進出口貿易為主，曾任台北縣進出口公會理事長職務。也曾參與投資兄弟之房地產事業。公益團體則以參加國際扶輪社為主，歷任會長，1998～1999年國際扶輪社3490地區總監等職務，現任2008～2009年台灣國際扶輪社總監協會會長。

三、林平賜主席家族在板橋的歷史沿革

在板橋林氏有很多支系，較顯榮的有漳浦林成祖一系、龍溪林本源一系，我岳父他們這一系，與林本源同為龍溪林氏，同宗不同支系。來台祖名諱為林愿伍，屬第 14 世，乾隆年間與林平侯相偕來台墾荒。原居新莊，後支裔分居板橋、士林等地。岳父之曾祖父 15 世林文振公遷後埔，清廷敕授儒林朗。祖父１６世啟獅公遷大東街，為例授太學生。父親林清富，為三房啟鳳之子，過繼大房啟獅為嗣。日治時，二房啟龍公之子，堂伯父林清山曾任日治枋橋庄庄長，任內籌組枋橋信用組合，並任創會組合長。

岳祖父林清富日治時曾任台北州板橋參議員，後亦繼任枋橋信用組合組合長職務，他經營的事業很大，自組海山自動車會社，代理公賣品菸酒配售等。為了容納事業員工工作場所需要，乃在南門街，現金環球廣場處（原環球戲院）興建公館（辦公室）。光復後，物換星移，38 年，公館房舍改為龍門露天電影院，上映默劇電影。42 年，繼承此處之林平喜開礦失敗，將公館出售予由邱榮隆等人籌組之環球戲院。

四、林平賜主席參與板信的緣起

我岳父林平賜理事主席，為日本京都同志社大學畢業，日治時期曾任板橋信用組合出納等重要職務。台灣光復後，信用組合改組併入板橋農會，歸併前糧食局初設，局長李連春亟需一位有經驗之出納人員，乃延攬岳父入糧食局，至民國 63 年退休。

民國 43 年，政府准予板橋新設信用合作社，邱榮隆主席乃提議創設。籌備時，因邱榮隆主席對金融領域的合作事業不熟悉，乃數次偕籌備會重要成員赴糧食局，向局長李連春商借岳父，欲借重岳父金融專才，共同籌組信用合作社。岳父時任糧食局稽核兼財務長職務，深受信任。初李局長堅不外借，後拗不過眾人之誠意，同意岳父於籌備期間，早上到糧食局處理公務，下午可請假參與合作社籌備之事務。

籌組板信，岳父貢獻良多，他是籌備委員中唯一曾從事金融事務的專業人士，板信初期的社、業務制度、工作規範、內部牽制等，多由他規劃。創立會時，被推選為理事之一，並兼經理職務。開業後數年間，一直由他理事兼任經理。後板信基礎日漸穩固，業務、社務繁重，必須有專職經理駐社辦公的需要；邱榮隆主席亦數次至糧食局，請求讓岳父退休，轉任板信專任經

理。糧食局李局長更堅不肯讓岳父離職，只好辭去板信經理一職，只擔任理
事。

64年，邱榮隆主席退休，眾多理事有意推邱明政主席接任，邱榮隆主席
堅絕反對，認為板信是全體社員的共有事業，非邱家專屬的，不能在他退休
後，就讓邱明政主席繼續擔任。當時大家都非常慎重，又推舉劉順和理事出
任，劉理事為人謙讓，也不同意。在大家推讓時，岳父不願讓局勢僵持下去，
乃表示願承擔這項重任。他曾任板信經歷數年，對業務、社務都熟捻，大家
也都認為合適，就推選岳父擔任板信第7任理事主席。

任內因為工作繁重，影響岳父健康，而他也年愈60，家人勸他以身體為
重，不要當任理事主席如此繁重之職務，但他放心不下板信，在親友勸慰下，
勉強同意，不續任理事主席，只擔任較閒散的理事職務一屆，任期未滿就決
議退休靜養。在家含飴弄孫，享受天倫，至78年辭世，享年75歲。

五、個人參與板信緣因

板信創立時，江子翠地區還是農業區，當時合作社法規定，職業為農民
者，不能成為合作社社員，所以江翠地區社員人數不多。53年，華江橋開通，
本區緊臨台北萬華，進出台北市非常方便，致台北市人口不斷移入，使江子
翠附近民生商業興起，入社為板信社員日增，板信業務也逐年進展。58年，
板信理事會為擴大板橋地區人士參與本社事務，增加理事會理事名額，由11
名理事增加為15名。有意延攬江翠地區人士參與理事會，那時，江子翠地區
幾個大家族，林家、葉家、徐家、王家及郭家成員，都依然保有農民身分，
只有家父職業登記「商」，但他無意參與，岳父就推舉我出來競選，當年我才
28歲，進入板信理事會，成為最年輕理事。從第五屆理事會起，到改制為商
業銀行，迄今，參與本社事務未曾中斷，前後歷40年，由最年輕之理事，至
今已成為板信最資深之董監事，此項為本人最感榮幸的職務。

六、有關板橋郭、邱、劉三大家族在板信及地方事務上的互動

地方上一般談到郭、邱、劉三家，我個人以為是指在地方選舉方面。地
方選舉，無論參與者或協助選舉者，都是對地方事務非常熱心的人。每次選
舉，僧多粥少，競爭難免激烈。有競選就會有落選者，落選者與他的協助者，
心有不甘，是人之常情，怨言就會產生。怨言流出，好事者往往藉機誇大其

詞，這些流言，常造成相關的人、事上的困擾，及重大誤會。郭、邱、劉三家，依我個人感覺並沒有衝突點，參與地方選舉項目也少有重疊。郭家起基在江子翠地區，邱家在舊街底，劉家在浮洲地區，支持率都很高。民國70年以後，大量的外來人口，民意自我意志高漲，傳統社區文化轉薄，三家也漸淡出地方選舉。

在板信的社、業務上，在我岳父、兩位邱主席及劉董事長主持下，均秉持「以和為貴」的理念，公平處理板信的人、事問題，有不同意見，儘量以溝通、折衷為原則，求取一致的看法，所以40年歷史裡，各項會議鮮少用表決方式議決。至於各屆理監事選舉，競選難免，選舉時為爭取選票，或多或少會有衝突，選後，大家在板信共事，依然是要好的朋友。郭、邱、劉三家，在板信裏，在20位理、監事中，所占比率，都屬少數，人數最多時也只有2、3個人而已，板信實在無所謂派系存在。

七、有關前市長郭政一與邱明政理事主席爭取「國民黨」第二、三屆板橋市市長黨內提名的競合經過

我堂兄郭政一前市長，近日前才「駕鶴西歸」，享年71歲。他是郭家從政的代表，從板橋鎮第8屆（53年）鎮民代表會副主席起，步入政壇。接著62年當選板橋市第二屆市長選舉，連任第三屆市長，69年任內辭市長職務，當選國民大會代表，至75年，後當選立法委員，這是郭家族親參與政治的高峰。其後堂叔郭金榜、堂弟郭慶華曾擔任市代表會主席等職務，後也漸淡出選舉，現只有一、二姪子輩擔任市民代表。

62年，爭取國民黨提名為第二屆市長候選人，當年邱明政主席也同時爭取黨內提名，二人都具有高知名度，一時間難以取捨。經黨內高層人士多次協調，最後協議，提名郭政一代表國民黨競選市長，獲得當選。二人之協議如何，因個人對政治較少參與，實際情況如何，不是很瞭解。雙方是否有簽甚麼樣的協議書，內容為何？我未見過，無法證實；不過，地方上曾言之鑿鑿，真相如何，實無法代當事人回答。

到了第三屆市長提名，國民黨有新的人事安排，新的地方主委；地方上也形成新的人際關係，新的政治互動。這些新的政治組合，自有他們的政治主張，郭、邱二人原有的協議事項，自難得到認同，所以就未履行。事後，

邱明政主席擔任板信理事主席，往金融領域發展，在板信發揮長才，讓板信
業績蒸之日尚，成為國內績優的信用合作社，獲得很好的成就。

八、對板信改制及接收高雄五信的立場及評價

我個人以為改制為商業銀行及承受高雄五信，這個方向是正確的，也符
合時勢。但概括承收高雄五信的時機似乎太早。

與本社同時申請改制的陽信，改制後才受命接收營運不良的信合社，得
到財政部金融重建基金補貼二十多億，與本社概括承受高雄五信，為彌補「高
五信」原有虧損三十幾億的代價，實有天壤之別。

但這件事也不能責怪劉董事長或理事會，決議接收高雄五信當天，下午
約 6 點時，理事會因為有諸多疑慮，已決議不承接高雄五信。會後，消息傳
到財政部，財政部派 2 位金融局官員到社，要求劉董事長再次召集全體理、
監事，要當面說明。續會從當天晚上 10 點多，到第二天凌晨 2 點多，會中本
社理監事提出心中的疑慮，2 位官員則當場解說，並提出因應的辦法。到第二
天清晨，理事會對官員的解說及因應辦法，認為可行並相信財政部會履行承
諾，才重新決議接收高雄五信。

事後，社方（改制後）依協議內容請求財政部支援，財政部以本社資金
充裕，財務健全為由，都暫緩實施。當時，因與會官員向理事會提出，所有
的因應辦法，均「可做不可說」，所以當下沒有留下佐證的協議書或備忘錄，
為此接收「高雄五信」，本社自行承擔損失，與會理監事都有受騙之苦。

附錄六

朱茂陽訪談紀錄

時間：民國 97 年 8 月 11 日上午、11 月 4 日上午。

地點：弘偉建設公司辦公室

受訪者：板信商業銀行監察人朱茂陽

訪談者：中央大學歷史研究所在職專班學生魏占峯

訪談內容

一、板橋朱氏家族在板橋的發展淵源？

板橋朱家祖籍福建漳州平和縣，平和縣位於福建南端，鄰近廣東，是廣東客族分佈的末端，俗稱「紹安客」。

朱家十一世祖朱點公，於乾隆年間渡海來台。初落腳臺北石門，以墾荒務農為生，傳到我們這一代（第十七世）以經兩百多年。

祖父朱寬裕公時，攜眷自石門移居板橋，成為林本源家的佃農，初時，家境清苦，卻熱心助人。後來，一位雲遊算命師，曾入住我家，祖父熱忱接待。算命師感於祖父為人誠懇，乃教授祖父製造紅酒的技術。此後，祖父開始釀造紅酒銷售，並創立「朱源隆」店號。

「朱源隆」的紅酒酒質醇正，很快的有了名氣，自然為朱家賺進了財富。所以，伯父朱四海、父親朱四維，也開始讀書。伯父朱四海曾赴台南府科考「秀才」的功名，未及放榜，發生「甲午戰爭」，清廷戰敗，割讓台灣給日本。

　　日本據台後，總督府為控制臺灣經濟，宣佈將鴉片、鹽、菸酒、樟腦專賣，成立「公賣局」。酒專賣後，「朱源隆」只好停業，尚幸，朱家在清朝時期，已購入了一些田地，能夠務農為生。

　　不久，日本在臺施行「保甲法」，要伯父朱四海擔任保正之職，伯父覺得這職務很厭煩，與日本人周旋很無聊，為逃避這些俗務，舉家搬到「板橋街」近郊的埤仔墘，在自有土地上築屋，建地寬廣，占地五、六百坪，目前這棟祖屋尚在，由大房長孫朱耀岑管理。

二、朱監察人眾兄弟、堂兄弟事業上的成就

　　我父親有兄弟二人，名諱四維，排行居二。大伯四海公，生有六子，大堂兄驕陽，畢業於國語學校師範部，曾任板橋國民小學校長。老二昭陽為延平中學創辦人，曾任合作金庫常務理事，與老三華陽二人畢業於日本東京帝大經濟學部，華陽曾任台灣省檢驗局局長、臺灣大學經濟系教授。老四明陽日本工業大學化工科畢業，為台大化工系教授。老五彩陽，日本長崎醫科大學醫學博士。老六崐陽日本東京齒科大學畢業。

　　我們這房有兄弟四人，大哥鼎陽，華南銀行分行經理退休。二哥伯陽，中本公司技師。三哥朗陽，歷任新莊西盛國小、板橋埔墘國小、新埔國小校長，服務教育界四十四年。在眾兄弟中我排行老四，最小，我省立板橋高中畢業。四十六年初退伍時，正逢板信獲准正式籌備，邱榮隆老主席招我進入籌備處工作，擔任收集股金的事務起，從職員到幹部（副總經理退休），退休後擔任過理、監事，目前任「板信商銀」監察人，前後約五十二年。退休後，也曾參與建築投資，在桃園、板橋等地區推過幾個很好的建築案。在選舉方面，從四十七年五月就參加板橋鎮第六屆鎮民代表選舉，共擔任第六、七、八鎮民代表，及第九屆鎮代表會主席，板橋改制後第一屆市民代表會主席，至六十二年任滿，先後歷十五年五個月。

三、個人從政的動機及經歷

　　民國四十六年初退伍後進入板信，四十七年在親友的鼓勵下，自己也有興趣，就投入板橋鎮第六屆鎮民代表選舉。那時才二十六歲尚未結婚，選舉是在五月份舉行，也沒有選舉班底，周一到周六要上班，晚上有時還要加班到很晚，拜訪選民只有利用周六下午及周日時間。當時交通工具少，我騎腳

踏車到選區的每一個竹圍拜訪，找竹圍內具有影響力的頭人，這些頭人知道我是埤仔墘朱家人都表義不容辭支持，並拍胸脯保證票數，有的更熱情邀宴。其時，民風純樸，信守諾言，也不用酬謝。開票統計，票數與他們答應支持的票數多相差無幾。我前後擔任六、七、八三屆鎮民代表，及第九屆鎮代表會主席，任期內，板橋鎮改制為板橋市，順理成章的成為板橋市第一屆代表會主席。五、六、七屆鎮代表會主席是由邱榮隆擔任，第八屆由黃春榜擔任。

擔任代表會主席是最忙碌的時期，白天在板信上班，開會期間還要請公假。最怕的是晚上，常有民眾發生違警事件，有時三更半夜，他們家人尋上門來，千萬分懇求我出面到警局保人出來，有時一夜二、三起。冬夜就更加辛苦，常冷熱交替引起傷風感冒。第九屆任期將滿，邱榮隆老主席與陳重豪總經理，以板信的業務越來越發展，勸我以板信業務為重，不要再分心，所以第二屆市代表會選舉就未參加。

四、邱創辦人籌組板信的原由及阻力與助力之處

民國四十三年省政府通過一項決議：「未設立信用合作社之縣局所在地，如宜蘭縣、臺北縣、苗栗縣、南投縣、臺南縣、高雄縣及陽明山管理局等七縣局，每縣局可先準設立信用合作社一處試辦」，四十四年底由行政院明令實施。當時臺北縣有二家信用合作社，淡水信用，淡水一信，都在淡水鎮；縣政府對能在板橋新設立一家信合社是樂觀其成。

板橋鎮，日治時代原有一家信用組合，後改組為農會，另一家彰化銀行，專設服務林本源家。光復後，縣府所在設臺灣銀行一家，合作金庫一家。公營銀行讓人覺得高高在上，一般平民得不到切身需要之金融服務，普遍認為地方確有成立基層金融之必要。各界人士雖然也殷殷盼望信用合作社之設立，但亦預料到籌設之困難，多心存觀望，裹足不前。

那時，邱老主席已事業有成又熱心公益，個人經營的雜貨、罐頭事業非常成功，又任菸酒公賣局板橋配銷所主任、黑松汽水臺北縣總經銷；光復後，任赤松里第一屆里長，第二、三、四屆鎮民代表，第五、六、七屆鎮代表會主席。就在大家遲疑之際，他認為這機會難逢，且有條件設立信用合作社之其它各市鎮，都如火如荼的在積極籌辦中，本鎮籌辦成否，攸關板橋鎮之榮譽，他挺身首倡，發揮「捨我其誰」的精神，毅然挑起籌設板信的重擔，出面邀請板橋地區熱心人士為發起人，向主管機關申請設立。

　　經核准，於四十五年初成立籌備會，邱老主席被推為召集人，積極進行籌備。籌組工作困難重重，更無前例可循，其中最大的阻力，在於社會上普遍存在著不看好的悲觀思維。那時板橋地方，歷經日據時代及光復後二次信用組合改組事件，組員權益喪失之影響，對入股信用合作社興趣不濃。大家對籌組工作能否成功，有很大疑慮，多持觀望的態度，少部分尚存看好戲的心理，偶而還可聽到一些閒言閒語，讓募股非常不容易。

　　邱老主席亦有耳聞，乃更加決心，愈挫愈勇，運用他全部的資源與社會關係，每天早上到「配銷所」上班，下午未休息就來籌備處，處理籌備事務。歷一年多的努力，雖然不被看好，但已獲得社會之肯定，縣府各相關機構亦大力支持與幫助。如板信初期的章程、組織、制度的擬定，就多承縣府合作室主任黃頌河，利用公餘時間義務幫忙。

　　籌備委員除了第一屆理監事外，尚有國大代表苗文齋、新埔廖廷松等人。並邀在地企業有「厚生」徐朝鳳〈徐朝鳳曾任信用組合專務理事〉，「雄獅鉛筆」李阿目等為社員共襄盛舉。當時有一個共識，有意擔任理事的人，需籌認股金二萬五千元；擔任監事者，需籌認股金一萬五千元；理事主席則需認股四萬元，監事主席二萬五千元。經過一番努力終於募足股金五十萬元，社員五百多人。

　　至四十六年初獲准成立，於四月二十五日，假板橋鎮中山堂，召開成立大會，正式成立。選出十一名理事，邱老主席被推為首任理事主席。五位監事，林水木為監事主席。

　　接著開始收取股金，收錢的工作由我、劉金福、江萬三人負責，收據為三聯式，一份為收據，一份存合庫，一份回社入帳。四十六年初退伍前，我當特種兵每月薪餉十五元，連上少尉排附，每月關餉一百一十元，中尉排長一百三十元，上尉一百五十元，社員股金每股一百元，相對的幣值很高。，又受到原有信用組合改制為板橋農會信用部，原有組合會員成為贊助會員，權益喪失之因，使收股金是辛苦備至，同意認股者幾乎每一個人常要來回數次才能收到，交付股款也心不甘情不願，部分人士認為是一種施捨，認為這些錢將有去無回。宮口街有高某人，我前後去了五、六次，最後期限前的晚上才繳交出來，交出前，在我面前將一張張十元券攤在桌上，同一面、同一方向，排得整整齊齊的，一張張再用燈光下照了又照，來回數次才依依不捨的交付。

如此辛苦，到六月初，共收得股金四十六萬元，社員四百二十餘人，尚
差四萬元。就由邱老主席、邱海水理事、林水木監事主席、歐潤理事分別向
臺灣合會（臺企銀前身）各借一萬元，才補足股金五十萬元。六月下旬，臺
灣省社會處合作事業管理處派鮑專員至籌備處驗資，正式完成設立程序。是
年七月五日正式營業，職員九名，經理由理事林平賜兼任，司庫：林重豪（原
名林水墳）、文書：劉金福、會計：簡番王，職員本人、江萬、張清秀（後嫁
理事邱木二兒子邱垂良，經營新來興企業）、汪仁欽、楊忠雄，租用媽祖廟旁，
府中路五十七號為營業廳。

五、板信創社時，社員、理、監事、社員代表與板橋各區域的關係

板信創立時，所募集的社員以板橋舊街五里最多，約占全體招募人數的
五、六成。「舊街底」從清朝末，林本源家出資築城後就很繁榮，其他地區在
光復初期，還是屬於農業區，所需的民生用品，四鄉地區居民多到舊街購買。
所以招募社員亦以這五里為主，板橋其他地區約二、三成，中、永和、土城、
樹林等地約占一成。

成立大會時，借板橋鎮公所中山堂舉行，由社員直接選出理事十一位，
監事五位，這十六位理、監事成員，大部分是板橋街五里里民。46 年底時，
所選出的第一屆社員代表，是按地區分區選出，依各區社員人數多寡，分配
社員代表人數，板橋街五里代表人數，占應選名額半數以上。

六、創社初期板信的社員代表、理、監事選任的方式

創社初期，大家對社務運作尚不十分熟悉，前幾屆社員代表，多由理事
主席會同其他理、監事協調推薦候選人，理、監事也是互相協調推舉候選人。
經過幾屆後，社員人數迅速增加，大家對社務運作也漸漸了解，有意擔任理、
監事的人開始安排親友出任，社員代表人選「當局」漸無法控制，就開放由
社員自己登記為候選人，因為社員人數日增，各區有意參選者，並無法以養
人頭社員的方式獲得當選，所以大部分地區還是以協調方式產生。到最後幾
屆，有改制銀行的誘因，選舉才有比較激烈的競選情況出現。

理、監事選舉是以二分之一連記法選舉辦法選出，初期理、監事多數為
籌備委員出任，二、三屆後，板信經營漸漸穩固，認同板信的人增加，欲參

選理、監事的人也增多了，但參與板信的人，與各選舉人（社員代表）間互相都有交情，地方上陌生的人很難迅速獲得認同，所以為保持和諧，大多數的選舉也多以協調方式產生。

初期理、監事選舉，是以推薦候選人方式，提社員代表大會選出，選票除了印有被推薦的人選外，尚留有空白處，可由選舉人自己填上自己理想中的人選，所以前幾屆，常有一票、二票的得票數出現，有時已當選理事，在監事的選票上還出現理事當選人姓名。

七、板橋邱、劉、郭三個家族在板信選舉及在板信社內的互動

邱、劉、郭三個家族，近來已經少有人提及，民國70年左右，三個家族都漸漸淡出地方政治。板信內部，依我感覺也沒有派系存在，邱家、劉家在本社內部不曾互相競爭，兩家從邱榮隆與劉順和當鎮民代表起，就有很深厚情誼。郭道明或其他理、監事也和邱家有不錯的交情。

三個家族在板信內部裡，互相間也沒有競爭過，三個家族成員擔任板信理監事的人，在社員代表中都有很高的支持度，反而是其他理、監事間互相的競爭比較激烈。

八、板信中後期理事、監事的選舉及候選人的運作

板信初期選舉都是由「當局」（理事主席與理事會較核心之理事）安排配票，再由候選人出面拜訪尋求支持。後來有意參選者，會主動安排親友出來選任社員代表，或候選人與社員代表間亦建立起交情。幾屆後，安排配票的選舉方式，漸難控制，當局也順勢開放競選活動，由候選人自己去拜訪社員代表，請求賜票。然而板信的社員代表與理、監事間經過長期互動，已經建立有不錯交情，外人很難介入，有意參選者必須衡量本身實力，方敢參與選舉。

本人自板信退休後，也在改制前二屆，以專業人員身分參加理事之選舉，也是以拜訪的方式，獲得支持當選理事，或許本人在社服務多年，受到肯定，感覺參與板信理事選舉並不特別困難。

九、板信與地方選舉之候選的人互動

板信屬於地方性質之基層金融單位，與地方關係密切，創立之初，參與籌備及成立後擔任理、監事的人士，很多人具有民意代表的身分，邱榮隆本人即擔任板橋鎮民代表會主席，邱海水擔任台北縣議員，林水木監事主席、理事劉順和、邱垂源、曾清圳、林振利、總經理林重豪等，都曾具有鎮民代表身分。較後期的理、監事林延湯、廖金順、郭佑福、徐秀廷等也曾經先後擔任過縣議員職務。

板信是地方金融，需要各方人士加入成為社員、客戶，社、業務才能茁壯，所以創社開始即本著「以和為貴」的原則，採行「中立」政策與各方人士互動。在鎮（市）民代表、縣議員這二項選舉事務上，與參加的各候選人都保持等距關係，不特別表態支持某特定人士。在省級以上的選舉事項，才有較明顯的表態，但也僅以個人身分表示，如劉家選省議員、立法委員，邱家都以個人名義表示支持，讓板信盡可能保持「中立」的形象。

即使邱明政參加第七、八兩屆縣議員選舉，邱榮隆主席也是私下向我請託，利用下班、假日時間，引導邱明政到埔墘、後埔等地拜票，其他員工也以個人身分下班後主動幫忙。這種「中立」的態度，所以能得到各界的認同。

板信前、後四任理事主席，除了邱榮隆在創社時，擔任板橋鎮民代表會主席，第二屆理事主席任滿前，就不再參與地方民意代表選舉，其後林平賜、邱明政、劉炳輝，在任期內都無民意代表身分。本人在職期間曾擔任六、七、八屆鎮民代表，及第一屆市民代表會主席職務，這其間從事競選，本人亦從未利用板信的資源，作為選舉的工具。邱榮隆主席也勸我要專心在板信的工作，所以任滿後就不再參與民意代表選舉。在地方選舉的事務上保持「中立」，似乎成為板信全社的一項共識。

附錄七

林宜火訪談紀錄

時間：97 年 10 月 7 日上午、10 月 21 日上午
地點：林宜火自宅（中和市員山路 428 號 7 樓）
受訪人：林宜火
現任：板信商銀永久顧問
曾任：板信創社監事、第 2〜4 屆監事、第 5〜7 屆理事
訪談人：中央大學歷史研究所在職專班學生魏占峯
訪談紀錄：

一、林氏家族及個人在中和地區的發展情形

　　中和林氏我們這一支脈，祖籍為福建紹安縣，何時遷台已不可考，家嚴諱先咸，務農維生，母劉氏閨名梅。我於民國 8 年農曆 12 月 1 日，生於泰山鄉下山腳單磚 1 號（現約位於泰山鄉明志路）。出生數月，母親即因生後體弱，不幸於次年（9 年）2 月 30 日別世，我被託由祖母及三伯母撫養。

　　三歲隨父兄遷居土城鄉清水坑桂竹林，父親佃業主林天生農地為生。民國 19 年（年 12 歲），業主收回農地改佃，復遷居中和鄉四十張湖仔底，佃耕業主林儀、林監之地。

　　20 年，中和國小畢業，再入青年教習所二年。結業後，先後至台北市西門市場日人經營之料理店，及堂兄宜賢在板橋鎮開設的金順益什貨店工作，

後受父兄之命回家務農。當時林姓地主在日人役場工作，知道日本政府有修改土地政策之議，乃強迫收回佃耕土地，我不得不轉業至基隆工作。

28 年，21 歲時，與妻蘇平結婚，次年生長女玉瑛，爲家中生活重擔，獨自前往台東新港，與「新月堂」果餅店店東巫海石合股經營、製作魚、肉鬆生意，運至北部販賣，當時日本政府已實施戰時配給，管制特別嚴格，所以生意風險很高。

31 年，因管制嚴格，生意難做，乃回中和，租何雲坊之店面經營海山郡第四十四號配所，專賣什貨、菸、酒等民生物資。因值二戰期間，物質匱乏，家中人口眾多，配所生意交由家父及妻子管理，個人再兼台北火車後站旁「大和製冰廠」之工作。又先後轉至洋火配銷所、米穀局等處工作，直至台灣光復。

戰爭末期，民生凋敝，物資缺乏，台灣人民家家所得僅夠溫飽，因長期操勞，又兼營養不良，家父及家兄累積成疾，竟先後患病，藥石無效，兩人不幸在同年先後過世。

34 年，台灣光復，家中人口已有 13 人，子女年幼，嗷嗷待哺，只靠我們夫妻及兒子溪坤，胼手胝足，刻苦經營雜貨店爲生。38 年，爲求生計，大膽向林本添派下熊祥購一甲六分田地耕作，當時並無積蓄，幸得地主太太雪子允諾，分二年繳付，至多感謝。

39 年，那年 31 歲，在中和地區居住已久，與鄰居、鄉人相處融洽，受到各界肯定，在地方人士及親友極力敦促下，投入鄉民代表選舉，幸得當選，並連任四屆。

40 年，經多年辛苦，漸有積蓄，經轉介購得板橋「環球戲院」部分股權，得認識板信邱創辦人榮隆，有幸參與板信之創立。

43 年，台灣省經濟、民生漸次安定，磚廠生意有利可圖，在友人林塗水勸說下，租得林知所有窟地，設立「員山磚廠」，正式投入磚廠生意，當時一塊紅磚售價壹角七分。48 年，承蒙「勝利泥磚廠」董事長陳境棟之推舉，出任「台北縣窯業公會」總幹事職位。54 年起，建築業蓬勃發展，紅磚生意興盛，林口地區磚廠大興，遂與陳居住合夥購得六公頃地，設立「住宜紅磚廠」八卦窯廠一處，後因意見不合退出，將資金改投資建築業及開設鐵工廠，現由二子繼彬管理。

49 年，與堂兄宜聲召股六人，購買新竹煤礦之包採權，一度參與經營煤礦業，因前業主債務不清，煤礦場遭查封，股東損失七十多萬元，還與工程包商纏訟多年。

本人對磚窯事業特別感興趣，從「住宜磚廠」退股後，仍不時注意窯業新趨勢，曾隨團考察日本隧道窯設施，及西歐窯業發展情形，亦曾投資其他磚廠，唯都不是非常順利。

60 年，經友人游青松介紹，先購得桃園縣龜山鄉兔坑村坡地十八公頃，復購得四公頃土地，並邀洪春華先生合股，創設「中華窯業股份有限公司」，經全體公司同仁努力，開山整地，慘澹經營，已具規模，現在由長子繼義接手管理。

二、參與創設板信的原因及經過

民國 39 年第次當選中和鄉民代表，40 年經友人介紹購得板橋「環球戲院」部分股權，有幸與邱榮隆先生共同經營戲院。

光復前，本人曾經營雜貨店，因菸酒及飲料配售關係，就認識邱先生，他那時任「公賣品菸酒配銷組合」副會長，及「黑松汽水」海山區經銷。光復後，雜貨店仍繼續營業，邱先生重新結合原有菸酒經銷店，組織「公賣局板橋菸酒配銷所」，邱先生任配銷所主任，中永和地區都在「板橋菸酒配銷所」的業務區域內，這層關係一直維持到雜貨店結束營業止。

我曾任中和鄉第四、五、七屆鄉民代表，板橋中和兩地緊臨，政務上關係密切，兩地區民意代表也是往來頻繁、資源互通，所以在地方政治圈內與邱先生也是常相互聯繫、相互通好。

個人與邱先生在商業上、地方事務上長久以來就有連繫，自加入「環球戲院」與邱先生就更加緊密。民國 44 年，邱先生提議創立合作社，發起籌組「信用合作社」時，本人即為發起人之一。板信之發起是由邱先生最先提出的，地方人士多認為板橋、中、永和地區，確實需要有一家地方性基層金融之必要，故多表讚成。

邱先生乃結合他個人之政、商關係發起籌組板信，當時列名之發起人，以「環球戲院」股東占很大比例，邱榮隆、汪金傳、汪金土、劉順和、歐潤、邱木、江陳樹、及本人，都是「環球戲院」股東，林平賜則是「環球戲院」之地主。其他有板橋區民意代表、里長等地方上之頭人，邱榮隆被選為召集人。

筹備期間，各發起人都分區認領部分地區募集股金之工作，中和地區統歸我負責，總共募集股金二、三萬元，其中大筆金額有「雄獅鉛筆」董事長李阿目一萬元、「勝利磚廠」陳境棟董事長一萬元，其他如「聲寶公司」陳茂榜等人也認了大筆股金。

筹備工作倍極辛苦，依規定需募足股金五十萬元，五十萬元在當時是一筆非常大的金額，募股工作全由發起人負擔，那時候台灣經濟尚不發達，能負擔出資壹股 100 元股金的人不多，加上社會上對合作社經營能否成功，心有疑慮，多在觀望。募股工作費了近一年的時間，經多方努力，才募了四十幾萬元。46 年初，核准設立後，為了驗資通過，由邱榮隆、劉順和、歐潤等人向「台灣合會」借款四萬元才補足差額。

板信於 46 年 4 月 25 日召開創立大會，選出 11 位理事、5 位監事，正式成立。邱榮隆被推舉為第一任理事主席，林水木為監事主席，本人為監事之一員。同年 7 月 5 日，租用府中路 75 號王萬賢店面開始營業，全部員工 9 名。板信自開始營業，經由各屆全體理、監事及員工努力用心經營，第一年就創造一萬多元之盈餘，從此都能年年創造佳績，至民國 86 年改制成「板信商銀」止，每年都有很好的盈餘，是最值得驕傲的事。

三、擔任理監事期間對板信的貢獻，及與其他理監事間的互動

本人從籌備期間開始參與板信的創設，共擔任第 1～4 屆監事（46～49年），中間有一段期間（50～58 年），因個人事業繁忙未積極參與。第 5 屆理事會選舉時，經中和區社員代表之鼓勵，再次投入理事選舉。在第 5 屆理事會前，每屆理事成員為 11 名，當屆因板信的社、業務經十多年努力已有相當之基礎，為讓更多人能參與板信，經第四屆社員代表大會通過，將理事會成員增加為 15 名，藉這個機會本人再度進入本設行列，為廣大社員服務。選舉時因離開板信有幾年時間，與新加入的社員代表比較生疏，選舉結果，幸受邱創辦人之提攜，得獲候補理事的資格，60 年因理事邱垂源不幸仙逝，得以遞補加入理事會再次參與板信行列。

板信創立初期各界對板信經營能否成功尚有疑慮，最初幾屆理、監事大多由籌備會成員擔任，以協調方式產生候選人，再經社員代表大會選舉出任。當時投票方式以二分之一連記法，每位選舉人可圈選一半候選人，如 11 個名額可圈選 5 人。選舉人除了候選人外，自己也可以自填自己認為理想之人選，

所以選舉記錄常出現一票、二票的人選，有時已當選理事，在監事選舉時還被推舉出來的矛盾情況。經過幾屆後，板信的經營已上軌道，並普獲板橋地區人民之信賴，有意之參與者慢慢增多，參加選舉的人也增加了，競選活動有時很熱烈。那時民風淳樸，社員代表、理、監事大多是朋友關係，雖有競選，並未出現買票的情形，結果也都很平和。邱創辦人常委由我連繫中、永和地區之社員代表，懇請支持，這兩個地區的代表也都鼎力支持板信的發展。

四、擔任理監事期間板信理監事會如何運作

板信創立以後，邱榮隆擔任 1～6 屆理事主席，在他帶領下社務、業務都有很好的進步。我則擔任 4 屆監事及第 5、6、7 三屆理事，邱明政擔任理事主席的第 8 屆就讓賢給年輕一輩的社會菁英，由年輕人繼續發揮。

在板信初成立時，一切制度、設備多因簡就陋，經數年努力才慢慢上軌道，並穩定的發展。邱創辦人以誠懇的態度，穩健的原則，秉持「合作」的理念，以「人人為我，我為人人」的信念，帶領歷屆理、監事、社員代表、及全體職員發揮「合作的精神」來服務全體社員及顧客。

板信開業初期，只是一個蕞爾小社，職工九名，經理由理事林平賜兼任，司庫由林水墳兼任（後更名為林重豪，原職為板橋菸酒配銷所業務），正職員工七名，百事待舉，全台同業、地方各界都拭目期待，故全體理、監事、員工都以堅定信心，在邱創辦人領導下勇往直前，為達到目標全體理、監事、社員代表也參加員工行列向外招募存款，募集社員，健全板信的體質。大家以無私的心，在共同理念下努力奮鬥，幸賴板橋中永和區域地方人士、顧客、社員、社員代表之信賴，板信社、業務都能達成目標，且自成立到改制為商業銀行四十年期間，年年都有很好的盈餘。

在我擔任理、監試期間各項會議，在邱主席無私、公正主持下，每位理、監事都本著「穩健原則」對事不對人的態度，討論個項社、業務議題，如有看法不同，大家也以說理的方式，互相溝通，取得共識，所以在我記憶所及，板信的大小會議，除了社員代表大會偶有為之，幾乎未動用過「表決」來決定事情。

附錄八

板信 4 位理事主席

　　信用合作社理事主席的職權，依法令規定與社員代表大會之決議執行社、業務，對內負責召集社員代表大會、理事會、社務會，主持理事會，並為代表大會之主席。於大會及理事會休會期間，主事全社之社、業務；對外代表合作社，行使權利、義務。〔註1〕

　　信用合作社，掌控的資金龐大，社員多，動員力強，組織結構完善，地方上的政治勢力無不設法介入各社的核心。政治勢力介入地方基層金融，長期受到社會的詬病，政府也針對這種現象，推出防範措施，唯仍難以杜絕。各社的理事主席位高權重，掌握龐大資源，因此這個職位，常成為地方勢力角逐的焦點。〔註2〕

　　台灣各地信用合作社的創立，各有自己的淵源，理事會的形成也各具特色，理事主席的選任自各有不同。信用合作社最怕社務由同一人或同一派系長期掌控，而無人牽制或形成派系，兩派間互相傾軋、對立。這兩種弊端，都會造成不良後果，輕者讓社、業務急遽衰退，嚴重者可能步上被清算或被合併的命運。

〔註1〕台北市政府財政局編印，《合作金融法令彙編》，頁168。「財政部75／3／5台財融第七五三五九號函「合作社理事主席之權限範圍」。
〔註2〕〈信合社濃烈草根性阻礙了變法〉，《經濟日報》，1992年3月29日，18版，財經熱線。

　　板信自創社迄改制前，共歷 4 任理事主席，邱榮隆、林平賜、邱明政、劉炳輝；而邱榮隆、邱明政父子兩人任期合計長達 33 年，占板信 40 年歷史的 82.5％。林平賜是板信創社理事之一，曾兼經理職務，任期在邱榮隆與邱明政間，具有承啓的地位；劉炳輝是劉家第三代子弟，繼邱明政擔任理事主席，任內完成改制商銀的工作。4 位主席在各自的任內，都能不負眾望，接續主事板信的社業務，奠下改制商業銀行的基礎。

一、創社理事主席邱榮隆

（一）個人事業

　　邱榮隆，字培青，台北縣人，生於民國前 1 年 6 月 13 日，逝於 88 年 8 月 26 日，享年 89 歲，屬邱氏「創」字族輩，有兄弟 6 人，排行第 4。原居桃園縣八德鄉，父祖輩時遷居台北縣土城鄉，以務農爲業。日治時期的小學畢業，曾習「漢學」，在板橋市各寺廟內楹柱有他的對聯佳作〔註 3〕。16 歲入家族經營之「泉和實業株式會社」工作，隨父兄從事糧米、食品批發等生意。〔註 4〕

　　民國 25 年，自立從事飲料、食品罐頭生意，經數年經營，事業有成。56 年以後，陸續成立「榮隆飲料有限公司」、「永和泰商行」、「群和食品有限公司」，專營黑松汽水及相關飲料之配銷事業，由二子明信、三子明聰經營。〔註 5〕另外還與友人組立「環球戲院」，提供市民娛樂。這些是他個人事業。

　　35 年，邱榮隆結合板橋、中和、土城、永和、樹林等相鄰地區菸酒零售商，組織「板橋菸酒配銷所」（簡稱配銷所），成立後，被推爲配銷所主任。〔註 6〕這個職位他先後共擔任 35 年，69 年自請退休，公賣局同時將各地「配銷所」的經銷權收回直營，改設「板橋配銷處」。〔註 7〕

　　邱榮隆很早投入公職，日治時期，擔任過板橋街第三區委員，〔註 8〕暨第

〔註 3〕板橋「慈惠宮」、「接雲寺」、「大眾爺廟」等楹柱。
〔註 4〕參見附錄二邱明政訪談紀錄。
〔註 5〕邱公榮隆老先生治喪委員會纂，〈板信商銀名譽董事長邱公榮隆老先生生平事略〉。
〔註 6〕邱公榮隆老先生治喪委員會纂，〈板信商銀名譽董事長邱公榮隆老先生生平事略〉。
〔註 7〕參見附錄二邱明政訪談紀錄。
〔註 8〕盛清沂、吳基瑞編纂，《板橋市志》，頁 152。

三保保長職務。光復後，選任板橋鎮第一屆赤松里里長；37 年起選任板橋鎮第二、三、四屆鎮民代表。44 年，第五屆被推舉爲鎮民代表會主席，並連任第六、七屆。〔註9〕第七屆任滿時，因感擔任板信理事主席一職，責任重大，爲免受雜務牽絆，毅然不續任民代職務，專心於經營金融事務。

創立板信，是他一生中最重要的事業，當時板橋鎮長林宗慎，爲「林本源」家族成員，板橋各界原希望由林鎮長出面籌組，因其意願不高。〔註10〕事情擱延至 45 年，在地方各界殷殷期盼下，邱榮隆以鎮代表會主席身分，乃毅然承擔籌組板信的重任。

（二）創設板信

地方上對成立信用合作社，抱著極高的期待。但 50 萬元股金的籌集是最大困難，歷史悠久的「台北十信」，累積數十年的股金，尚不足新台幣 25 萬元，〔註11〕因此讓地方人士裹足不前。直至邱榮隆登高一呼，地方人士乃聚集，共議籌組板信大業。

45 年中，籌備會成立，邱榮隆爲召集人，積極展開籌備工作。當時一般平民大眾經濟力薄弱，無力負擔大額的股金，所以創社理、監事負擔起 56% 以上股金，才順利完成籌設工作。46 年 4 月 25 日正式招開創立大會，選出理事 11 人，監事 5 人。第一次理事會中，邱榮隆被推舉爲理事主席。

板信的籌設，是以邱榮隆爲軸心，結合了板橋鎮地方民意代表系統、鎮公所系統、板橋舊街里民、菸酒配銷系統、原信用組合系統、及商場夥伴等各方關係組織成立的。這幾個系統在板信創立初期，都占有重要地位，理、監事多由他們擔任。

（三）對板信的經營

從 45 年 5 月 14 日召開座談會，迄 64 年 4 月 17 日自板信退休止，邱榮隆前後主事板信共歷 19 年。在他努力下，爲板信奠下穩固的基礎。他對創立、經營板信所獲得的成果感到自豪，曾親題詞聯：「辛勤大業和順燦爛堪斯慰，創辦板信合作社利市常占」，〔註12〕來表達他對板信整體績效表現，受到地

〔註9〕 盛清沂、吳基瑞編纂，〈地方自治〉，《板橋市志》，頁 195～252。
〔註10〕 參見附錄四朱茂陽訪談紀錄。
〔註11〕 保證責任台北市第十信用合作社慶祝七十周年籌備委員會編印，〈保證責任台北市第十信用合作社七十年誌〉，頁 83。
〔註12〕 邱公榮隆老先生治喪委員會纂，〈邱公榮隆老先生生前親題詞聯摘錄〉〈板信

方、社會肯定的告慰心情。

　　所謂「創業維艱」，創立初期，規模小，組織簡單，人少事多，資源不足，營收不豐，一切從簡。在邱榮隆主持下，社業務的經營，則未曾有馬虎之舉。每日對外營業，員工也常自動延長到五、六點以後，晚上八、九點下班是常事；理、監事各有自家事業，召開會議多利用下班或營業終了之後。邱榮隆亦「能者多勞」，除了自己經營的事業，尚擔任「板橋菸酒配銷所」主任的職務。創社後，早上在配銷所上班，下午則到板信批閱公事，處理信用合作社事務。為免耽誤業務，重要、緊急的案件，常攜回自宅詳細審閱。〔註13〕他審閱公事非常仔細，經常的勞累，損傷眼睛，長期眼疾，是他決定退休的主因。〔註14〕

　　邱榮隆任內主持各項會議，與理、監事、社員代表互動情形，可以用「和順」來比擬。各項會議議案，多採集思廣益，求取共識，並取得全體與會人員一致通過的方式處理，少有以表決方式來議決議案。任內有正式表決紀錄的議案只有：第一件，在52年第一次理事會，有關設置常務理事乙案，以無記名投票7票反對，否決設立。第二件，在60年度臨時社員代表大會，為概括承受「永信」設立「永和分社」乙案，採用舉手表決方式，以84名贊成的絕對多數通過，並記錄反對的6名社員代表姓名，以資負責。

　　他的這種作為，日後在板信成為傳統。所以在板橋地方政治事務上，有邱、劉、郭三大族之稱，但板信卻未形成任何派系。因長期共事為板信社、業務努力，每位理監事、社員代表間互相結識、相互信任，多建立了長期的友誼。〔註15〕偶有意氣用事者產生，亦會被支持者理性的勸服，而圓滿成事。

　　板信在邱榮隆主事下，除了受到地方的信任外，亦受到各級主管機關的肯定，在53年、55年、57年3度獲得信用合作社最高獎「內政部優良獎」，59年財政部接管信用合作社的管理後，60年度板信即獲「財政部優良獎」表揚。邱榮隆個人於54年亦獲頒「內政部個人優良獎」；63年經理林重豪亦因經營板信有成，獲財政部頒發「個人優良獎」之鼓勵。〔註16〕

　　　商銀名譽董事長邱公榮隆老先生生平事略〉。
〔註13〕參見附錄四陳錦成訪談紀錄、附錄六朱茂陽訪談紀錄
〔註14〕邱公榮隆老先生治喪委員會纂，〈板信商銀名譽董事長邱公榮隆老先生生平事略〉。
〔註15〕參見附錄二邱明政訪談紀錄、附錄五郭道明訪談紀錄、附錄四陳錦成訪談紀錄、附錄六朱茂陽等訪談紀錄。
〔註16〕板信編，54、55、56、58年〈板橋鎮信用合作社社員代表大會案·重要紀事〉；及60、63年〈板橋信用合作社業務報告·重要紀事〉。

　　板信在他主持下，經過 18 年的經營，各項績效都有進長。迄 63 年底，邱榮隆退休前一年，板信已存款有 5 億 3,981 萬餘元，放款 2 億 8,994 萬餘元，社員 5,178 人，股金 639 萬 2 千 7 百元，盈餘 478 萬餘元。最可貴之處，由於融資業務徵信確實，這段期間各種放款，均未曾發生任何的「呆帳」。

　　經過邱榮隆及全體理監事、員工多年的努力，及社員代表的支持，板信的各項績效年年成長，但受限於只有總社一個營業單位，社、業務很難有更進一步的擴展。增設分社一直是邱榮隆的目標，在各項條件具備後，59 年，儲蓄部奉准遷出獨立營業，為板信第一家分支機構。59 年，「永信」經營不善，奉令清算時，在各級主管機關肯定下，特准板信跨區，接手「永信」業務。這件事乃邱榮隆創社後最大的抉擇，經過仔細考慮，及理事會、監事會鼎力支持，並在台北縣蘇縣長大力相助下，乃毅然決定先行承受，再召開臨時社員大會追認。經與會代表 90% 以上議決同意承受。邱榮隆這項決策，事後驗證是非常正確的決定，及影響板信發展的重大事件，讓板信規模日後得有倍數成長，業務區域擴大為 4 個鄉鎮市行政區域。

　　其後，在他任內再申設 2 家分社，62 年設立埔墘分社，63 年 12 月奉准華江分社，於 64 年 1 月份卸任前開業，〔註 17〕全社共有 5 個總分支機構。

　　除了業務，也非常注重合作教育、及社員福利，各項措施，經由他任內長期的推動，日後多成為板信傳統活動。合作教育方面，設立「板信商業補習班」及「板信幼稚園」最為地方稱許。社員福利方面，除高額股息外，每年都發放社員紀念品、大型日曆、農民曆及社員子女獎學金等，發放期間是板信與社員、客戶間，一項盛大的活動。其他項目有每年舉辦的「板信杯」各項比賽，健行摸彩活動，都是板信社員、客戶、員工喜愛的項目。

　　邱榮隆除了致力於社、業務的擴展外，對地方公益事務亦視財力捐獻，配合地方政府從事地方建設。56 年，板信創社 10 周年紀念，在火車站前公園內捐建「合作亭」乙座；63 年，撥 90 餘萬元配合市公所，在「介壽公園」興建「音樂台」乙座。此外，歷年捐贈的公益、慈善、文化教育、勞軍、貧寒救濟等支出亦為數可觀。

　　64 年，邱榮隆卸任板信理事主席職位，67 年，公賣局政策性將菸酒配銷業務收回自營，撤銷全省民間經營之配銷所，他才完全退休。

〔註 17〕板信編，〈板橋鎮信用合作社 64 年度社員大會議案・重要紀事〉，頁 4。

表 1：板信理事主席邱榮隆任內各項社、業務統計　　金額單位：千元

年度	社員人數（人）	股金總數	盈餘	社員福利經費	合作教育經費	社會公益金	存款餘額	放款餘額
46 年	773	500	13	─	─	─	1,508	907
47 年	898	500	60	5	─	2	2,748	2,035
48 年	916	506	60	26	5	2	5,083	2,866
49 年	927	502	64	20	5	2	7,521	4,383
50 年	966	528	67	36	1	3	11,296	6,199
51 年	1,005	592	80	34	10	4	15,633	7,751
52 年	1,124	648	137	40	8	5	19,570	11,170
53 年	1,364	847	169	57	13	2	27,008	12,965
54 年	1,452	923	165	113	14	10	32,156	18,182
55 年	1,636	1,069	169	147	19	6	36,418	20,303
56 年	1,782	1,181	209	174	26	14	62,565	21,509
57 年	2,085	1,502	260	138	77	25	70,851	43,345
58 年	2,164	1,687	363	195	95	25	82,016	40,421
59 年	2,675	3,061	461	276	113	27	101,037	47,062
60 年	3,087	3,564	748	367	53	51	156,944	84,983
61 年	3,572	4,085	969	394	52	53	238,384	127,913
62 年	4,287	5,308	1,912	428	83	106	425,283	221,773
63 年	5,178	6,392	4,781	979	97	908	539,818	289,942

資料來源：依據板信 46～59 年度〈社員代表大會議案〉，60～63 年度〈業務報告〉整理。

二、第二任理事主席林平賜

　　林平賜亦是板信的創社理事之一，並兼任經理職務至 52 年止，[註18] 擔任理事及第 7 屆理事主席的職務前後共歷約 20 年，對板信的創立，及前期業務的經營，作出許多努力。

（一）個人經歷

　　林平賜民國 4 年出生，家族為板橋林氏望族。日治時期，堂伯父林清山為枋橋庄庄長，並創社「板橋信用組合」，其父林清富續任第二任組合長職務，

〔註18〕 00－46－71－100－1，〈板橋鎮信用合作社 52 年度第 2 次理事會，第 2 案〉（1962 年 2 月 2 日）。附件：人員升格升級案，議決：晉昇林重豪為專任經理。

〔註 19〕並自組海山自動車會社，及代理公賣品菸酒配銷。〔註 20〕

日治時期曾赴日就讀同志社中學，回台後進入「板橋信用組合」任職，由基層「書記」作起，昭和 15 年（1940）晉昇爲「主事補」。〔註 21〕戰後，曾任「板橋鎮合作社」理、監事；38 年，合作社改組爲板橋農會後，爲糧食局長李連春延攬入糧食局擔任公職，最高職務爲稽核兼財務長，至 63 年退休。〔註 22〕

（二）參與板信的創設及理事主席選舉

民國 44 年，邱榮隆發起創設板信。籌備時，因邱榮隆對金融領域不甚熟悉，數次偕籌備會重要成員同赴糧食局，向局長李連春商借林平賜參與籌備事宜，欲借重他的金融專才，共同籌組信用合作社。初李局長堅不外借，後拗不過眾人之誠意，乃同意於籌備期間，早上到糧食局處理公務，下午可請假參與籌備事務。

籌組板信，林平賜出力甚多，他與徐朝鳳是籌備委員中，少數曾從事金融事務的專業人士，對板信初期的各項社業務，有頗多規劃。創立會時，被推選爲理事之一，並兼經理職務。數年後板信基礎日漸穩固，業務、社務繁重，有專任經理人駐社辦公的需要，林平賜是最佳人選，唯他有公職在身，不便轉任；邱榮隆曾數次至糧食局，請求李連春同意讓他退休。李局長則堅持不肯讓他離職，事隔經年，爲免耽誤板信業務，52 年底，他毅然辭去板信經理一職，只任理事。〔註 23〕

他連任 1 至 4 屆理事，58 年法令修訂，公務員不得擔任信用合作社理、監事職務，〔註 24〕因他仍具有公務員身分，乃退出第 5 屆理事會選舉。61 年初，自糧食局退休後，才再度參選第 6 屆理事會。

64 年，邱榮隆因健康原因退休，大部分理事有意推邱明政接任理事主席，因邱榮隆堅絕反作罷。邱榮隆先推舉理事劉順和出任，劉順和爲人謙讓，婉辭大家的好意；再推經理林重豪續任，他亦推辭。在大家推讓時，林平賜表

〔註 19〕淀川喜代治編輯，《板橋街誌》，頁 168。
〔註 20〕參見附錄五郭道明訪談紀錄。
〔註 21〕海山郡產業組合共榮會編印，〈昭和 15 年海山郡產業組合要覽〉，頁 10、11。
〔註 22〕參見附錄五郭道明訪談紀錄。
〔註 23〕參見附錄五郭道明訪談紀錄。
〔註 24〕參見：台北市政府財政局編印，《合作金融法令彙編》，頁 179。「公務人員不得兼任信用合作社理監事」。

示願承擔這項重任。他曾任板信理事，及經理多年，對業務、社務非常熟捻，大家也認為合適，遂被選任為板信第 7 任理事主席。

（三）對板信的經營

林平賜為創社理事之一，歷任 5 屆理事及兼任 6 年經理職務，長期與邱榮隆合作，所以就任後，一切事物駕輕就熟，雖然任期只有 3 年，社業務也有相當之發展。66 年底，他任期屆滿前，存款部分已增加至 15 億餘元，放款近 10 億 5 千萬元，社員增加至 11,371 人，股金 2,096 萬 8 百元，盈餘 1,174 萬餘元。各項績效都有 2 至 3 倍的成長。〔註 25〕

為了拓展業務，板信在法令許可下，無不盡力申設分社，在邱榮隆任內已申設 4 家分社，共 5 個營業單位。林平賜就任第 2 年（65 年）亦積極申設民族分社。當時中和鄉已納入板信業務區域，但礙於法令規定，無法設置分支機構，民族分社核准後，乃設立於板橋──中和兩區的緊接處。

依 73 年以前之法令，信用合作社申請分社並無家數限制〔註 26〕，板信原仍可繼續申請，但不幸在 66 年初發生弊案，這事件後，板信受到主管機關嚴密的監督，申設分社的事也就被迫暫停下來。

林平賜在理事主席任內，仍持續推動重要的社業務事項。接任後，板信營收日增，盈餘突破千萬元，〔註 27〕各項例行活動，年年的擴大舉行。66 年的社員福利經費支出超過 136 萬元，合作教育經費超過 20 萬元。〔註 28〕對地方的捐獻金額也增加許多，65 年捐贈板橋市公所，興建「板信公園」，工程費 99 萬元；捐贈永和鎮公所福和橋頭三角公園，經費 44 萬餘元。〔註 29〕

林平賜是板信理監事中，少數曾在日治時期從業「信用組合」業務的人士，戰後又繼續於板信服務。民國 65 年，中國合作事業協會，為推廣合作事業，特別舉辦表揚大會，林平賜因從事合作事業 40 年，接受大會頒獎表揚，

〔註 25〕 板信編，〈板橋信用合作社 63 年度業務報告〉，及〈板橋信用合作社 66 年度業務報告〉。

〔註 26〕 台北市政府財政局編印，《合作金融法令彙編》，頁 82。行政院 53／7／24 台五十三才五一四八號令，及財政部 74／9／3（74）台財融第二一四六五號函修正第五、七點「金融機構增設國內分支機構審核要點」。

〔註 27〕 板信編，〈板橋信用合作社 66 年度業務報告〉，頁 10。

〔註 28〕 板信編，〈板橋信用合作社 66 年度業務報告〉，頁 9。

〔註 29〕 板信編，〈64 年度社業務概況報告〉，〈板橋信用合作社 64 年度業務報告〉，頁 2、3。

並蒙總統嚴家淦召見嘉獎。〔註30〕66 年，他個人也榮獲台灣省財政廳長獎，表彰對板信經營的努力。〔註31〕

　　林平賜擔任理事主席時間僅只 3 年，任內社、業務有 2 至 3 倍的成長，唯在 66 年 4 月，發生「永和弊端」，該分社主任楊某利用職務之便，挪用或借貸客戶存款，案情牽涉職員及客戶多人，〔註32〕板信雖然處置明快，社方財務也未虧空，但社譽之損傷則在所難免，且處理該案傷神又費時，延續數年之久，在責任歸屬上，理事主席督導不周之責難免，這讓曾任公務人員，奉公守法之林平賜，傷神又傷身，影響到他的健康。板信第 8 屆理事會改選時，在親友子女懇勸力求下，未再尋求連任理事主席的職務，但他仍心繫板信事務，乃只任理事一職。不過任內，身心大不如前，在家人堅持下，他自動請辭，在家靜養。居家近 10 年，含飴弄孫，至 78 年壽終辭世，享年 75 年。〔註33〕

表2：板信理事主席林平賜任內各項社業務統計　　　　金額單位：千元

年度	社員人數（人）	股金總數	盈餘	社員福利經費	合作教育經費	社會公益金	存款餘額	放款餘額
64 年	6,420	8,703	6,540	1,216	40	1,430	851,041	503,413
65 年	8,710	14,293	9,622	1,648	101	—	1,246,045	826,090
66 年	11,371	20,950	11,746	1,365	198	—	1,553,868	1,047,781

資料來源：依據板信 64～66 年度〈業務報告〉整理。

三、第三任理事主席邱明政

　　邱明政為板信創社理事主席邱榮隆長子，曾任 2 屆台北縣議員，續林平賜為第 3 任理事主席職務，先後 5 屆。他卸任前一年（81 年）底，存款已達 350 億餘元，放款 263 億餘元，社員 84,762 人，股金 24 億餘元，盈餘 4 億餘元，各項社業務績效都有近 20 倍的成長。

〔註30〕板信編，〈板橋信用合作社 65 年度業務報告・重要紀事〉（1976 年），頁 6。
〔註31〕板信編，〈板橋信用合作社 66 年度業務報告・重要紀事〉（1977 年），頁 5。
〔註32〕00－87－100－2，〈板橋信用合作社 66 年度第 4 次社務會紀錄〉（1977 年 6 月 13 日）；〈臨時社務會紀錄・續會〉（1977 年 6 月 24 日）；〈臨時社務會紀錄・續會〉（1977 年 6 月 28 日）；〈板橋信用合作社 66 年度第 5 次社務會紀錄〉（1977 年 6 月 30 日）。
〔註33〕參見附錄五郭道明訪談紀錄。

（一）個人經歷與事業

邱明政生於民國 22 年，為邱榮隆長子，就讀日治時期板橋國小，畢業時恰逢台灣光復。中學就讀台北商職（台北商業技術學院）初商部，初商畢業後，在家幫助父親邱榮隆經商。兩年後，再考入北商高商夜間部，半工半讀，完成高商的學業。結婚後，轉入公賣局「板橋菸酒配銷所」工作。

民國 56 年，邱明政 34 歲時，在邱榮隆及親友的鼓勵下，選任台北縣第 7 屆縣議員選舉。在第 1 任縣議員任期結束前，在各界鼓勵下，有意願投入板橋市第二屆市長選舉。那時，郭政一亦積極參予爭取國民黨的市長候選人提名，二人的參選意願都十分強烈，讓國民黨地方黨部提名作業十分為難。黨內的地方前輩，乃紛紛出面協調，先後多次都未達成協議。最後邱家在「以和為貴」的原則下，以王以文為首，與板橋市前後的歷任鎮、市長、代表會主席等十多人共同簽名見證下，雙方立下協議書；板橋市第 2 屆市長提名郭政一參選，邱明政則繼續參選縣議員的職務，第 3 屆市長候選人再提名邱明政的方案。

郭政一經過 2 年的經營，板橋地方的政治情勢已有很大變化。第 3 屆板橋市長提名作業展開前，市內各里里長聯署，發表由郭政一連任的聲明，聲勢浩大，這讓地方黨部更加為難，黨內人士乃再協調邱明政放棄協議，參選省議員的職務，邱明政以當時雙方明訂協議，拒絕黨部省議員候選人的提名，黨部乃協調由邱海水長子邱益三參選省議員。

板橋環球戲院由邱榮隆與數位好友共同組成公司，戲院股東，在板信籌設時，曾是重要支持力量之一，有幾位股東先後擔任理、監事的職務。但自三台無線電視台陸續開播後，電影院曾一度沒落，環球戲院同受波及，部分原股東有意出售股份，邱明政乃出面，全新籌組戲院股東會，買下舊股東股份及院址產權，並擔任董事長職務。環球戲院在他刻意經營下，業務頗為興隆。但台灣電影業隨大環境影響，漸成黃昏事業，邱明政乃將環球戲院改建為商務大樓，成立金環球股份有限公司。環球戲院是他唯一有投資的事業，從公司成立、改組至他從板信退休後，都一直擔任該公司董事長職務至今。

（二）參與板信理事與理事主席選舉

64 年初，邱榮隆決定退休時，邱明政當選板信第 7 屆理事會理事，支持者本鼓勵他參選理事主席職務。此議，遭邱榮隆反對，認為板信非「邱家」私有產業，不宜在他卸任後，立即由邱明政續任，讓外界有「私相授受」之

議。〔註34〕乃先後推劉順和及林重豪出任，兩人都謙讓，後由林平賜選任爲理事主席。〔註35〕

66年，「永和分社弊案」爆發，地方譁然。邱明政二度被迫退出市長候選人提名，及「永和弊案」，先後在同一年中發生，關心板信的人士，乃紛紛勸進邱明政選任第8屆理事主席職務，這次選舉邱榮隆未加反對。67年初，板信理事會改選，有25人參選，選情緊繃，林平賜在家人反對下，未尋求連任。理事主席職務，在地方強力支持下，由邱明政當選，以11票當選。〔註36〕

（三）對板信的經營

板信第8屆理事主席，被認爲是板信的新世代開始。當屆理事參選人共25人，人數空前，當選的新任理事就有7人。同一年的社員代表選舉，代表人數由原有147名，增加爲190名，選舉結果，新任代表人數126人占半數以上也是一個新的開始。

邱明政就任時年方43歲，正值壯年，自此退出政壇，專心從事板信的金融事業。是時，「永和弊案」事件，已較爲平靜，但財政部仍嚴密監管板信的社、業務，營業據點的申請已被限制，邱明政只能就現有營業單位，作地方深耕的方式經營，他以從事自己事業的精神經營板信，也鼓勵員工，將在板信的工作當成自己的事業。〔註37〕

邱明政入主板信後，主持各項會議仍力求「以和爲貴」的原則，加強溝通來凝聚理監事、及社員代表暨員工的共識。對社業務的處理，以「遵行法令」爲第一要務，業務則秉持「杜絕特權」、「達成預算」的原則，要求員工努力完成社方賦予的職責、同時注重「社員福利」，訂立必要的福利措施，再以「穩健」的態度來推動所有的事物。

邱明政的深耕策略，實施後很快就獲得成果，就任後4個月，存款即突破20億。68年，存款餘額在全國信用合作社中排名第6；由合作金庫舉辦的台灣地區基層金融社團吸收儲蓄存款競賽，屢屢獲信用合作社第1組第1名及每日存款增加最高獎的榮譽，並得到台灣省政廳頒考核甲等獎。〔註38〕70

〔註34〕參見附錄二邱明政訪談紀錄。
〔註35〕參見附錄二邱明政訪談紀錄、附錄四陳錦成訪談紀錄、附錄五郭道明訪談紀錄。
〔註36〕參見附錄二邱明政訪談紀錄、附錄五郭道明訪談紀錄。
〔註37〕參見附錄二邱明政訪談紀錄。
〔註38〕板信編，〈板橋信用合作社69年度業務報告〉，頁3。

年度，財政部成立的「推行儲蓄委員會」，舉辦的金融機構推行儲蓄運動，獎勵國民儲蓄，板信立即獲得台北縣各金融機構吸收儲蓄存款增加金額第 1 名。其後在業務方面板信的績效幾乎年年獲獎。

　　板信在 66 年度前，曾 4 度獲得信用合作社界公認為最高榮譽的內政部獎。財政部接管後 2 次獲得財政部績優獎，全社莫不感到無上榮譽。永和弊案後，即受到財政部嚴格考評，邱明政接任後，經過 6 年經營，至 73 年再度獲得財政部肯定，74 年榮頒財政部成績優良獎。〔註39〕其後於 75 年、78 年、79 年、80 年、81 年，6 度獲頒財政部優良獎，其中 80 年度之優良獎是特頒給邱明政個人，以表彰他對板信社業務的努力。〔註40〕

　　板信的分社增設，在弊案發生後，即被財政部限制列管。財政部又於 73 年規定縣轄市之信用合作社，分支機構達 3 處者不得申請。〔註41〕邱明政接任時，板信除總社、儲蓄部外，有 4 家分社，已超出規定。這 6 處總分支單位，除總社為自有行社外，其餘尚為租用，邱明政就任後，首先完成儲蓄部的自建工程，於 67 年 7 月 5 日遷入。〔註42〕其後陸續以自建或購買方式，先後完成華江分社、〔註43〕永和分社、民族分社等的營業廳〔註44〕，全部是自有資產的目標。

　　邱明政主事期間，板信徒有 4 市的業務區域，但受限於法令，一直無法拓展營業單位。77 年時，隨著國內金融自由化政策的施行，財政部才重作規定，放寬信用合作社分支單位的設置，但仍限制縣轄市級的信合社，分社總數不得超過 6 處。〔註45〕獲此機會，邱明政立即著手申設，78 年，中和分社在自購的社址上開業，〔註46〕79 年土城分社接著開業。〔註47〕至此，板信在 3 市 1 鄉的業務區域內，才都有營業單位，為社員、客戶服務。

〔註39〕板信編，〈板橋信用合作社 72 年度業務報告〉，頁 3。
〔註40〕板信編，〈板橋信用合作社 80 年度業務報告〉，頁 3。
〔註41〕台北市政府財政局編印〈金融機構增設國內分支機構審核要點〉，《合作金融法令彙編》，頁 82。
〔註42〕板信編，〈板橋信用合作社 67 年度業務報告‧重要紀事〉（1978 年），頁 5。
〔註43〕板信編，〈板橋信用合作社 74 年度業務報告〉（1985 年），頁 5。
〔註44〕板信編，〈板橋信用合作社 75 年度業務報告〉（1986 年），頁 5。
〔註45〕中國合作事業協會台灣省分會編，〈金融機構增設國內分支機構審核要點〉，《最新合作法令輯要彙編》，頁 388。
〔註46〕板信編，〈板橋信用合作社 78 年度業務報告‧重要紀事〉（1989 年），頁 5。
〔註47〕板信編，〈板橋信用合作社 79 年度業務報告‧重要紀事〉（1990 年），頁 5。

　　銀行作業系統電腦化，隨著時代進步，需求越來越迫切。國內大型金融機構，在民國 70 年以前，作業系統已大部分電腦化，基層金融電腦化的腳步較為遲緩，但也有較大型的信用合作社，已經實施電腦化作業。〔註 48〕有鑑於此，為了因應電腦化需求，邱明政開始著手規劃。71 年度，先後舉辦了 15 期員工電腦儲備人員專業訓練班。〔註 49〕72 年，特聘專業人員，成立資訊中心，進行籌備。〔註 50〕並由理事會成立購置電腦專案委員會。〔註 51〕其後一邊訓練電腦專業人才，一邊精挑細選電腦廠牌，最後選定購置日本 NEC 電腦。〔註 52〕板信的電腦化作業，經數年縝密的籌備，人員訓練充分，作業軟體自行開發，從 76 年 3 月 23 日正式上線，至 77 年 11 月 26 日，就順利地完成全社全面電腦化。〔註 53〕

　　板信的社員福利及公益事業，在邱明政任內，規模越辦越盛大。發放的社員股息曾高達 24%，如此高股息讓主管機關非常在意，要求板信股息發放不得超過「合作社法」的規定。〔註 54〕受社員、顧客歡迎的圓通寺健行大會，參加人數年年增加，曾超過萬人以上；〔註 55〕其他社員福利也年年增長（見表 3）。

　　公益方面，從 69 年起，不定期舉行勞軍，在 71、75、78 等年，受邀參加各界金門勞軍活動；76 年參加東沙勞軍，還有多次的台北縣境內駐軍勞軍等活動。

　　捐贈方面，72 年捐獻中和市秀山社區鐘塔；73 年捐贈台北縣警察局機動汽車；74 年捐台北縣警察基金及台北縣消防基金；76 年捐台北縣區運會場「青雲直上」藝術雕塑景觀；77 年捐中和市海山公園涼亭乙座等，還有其他捐獻無數。其他活動，如「板信杯」各項比賽、社員子女獎學金、重陽敬老、冬

〔註 48〕 保證責任台北市第十信用合作社慶祝創社七十周年籌備委員會編輯，《保證責任台北市第十信用合作社七十年誌》，頁 26。

〔註 49〕 板信編，〈板橋信用合作社 71 年度業務報告‧重要紀事〉（1982 年），頁 5、6。

〔註 50〕 00－72.75－100－2，〈板橋信用合作社 72 年度第 7 理事會記錄‧第 2 案〉（1983 年 7 月 25 日）。

〔註 51〕 00－72.75－100－2，〈板橋信用合作社 72 年度第 12 理事會記錄‧第 7 案〉（1983 年 11 月 23 日）。

〔註 52〕 00－72.75－100－2，〈板橋信用合作社 75 年度第 7 理事會記錄‧專案〉（1986 年 5 月 1 日）。

〔註 53〕 板信編，〈板橋信用合作社 76 年度業務報告‧重要紀事〉，頁 5。

〔註 54〕 參見附錄二邱明政訪談紀錄。

〔註 55〕 板信編，〈板橋信用合作社 69 年度業務報告‧重要紀事〉，頁 5。

令貧寒救濟等，也是一年比一年擴大。

他的經營成績，除了 5 次獲得財政部頒發「信用合作社優良獎」及「個人優良獎」給予鼓勵外，板信理事會對他的考核，亦年年給予優等考績的肯定。

邱明政主事板信 15 年，業務持續擴張，業務重心由原來板橋舊街 5 里，不斷隨都市繁榮往周邊地區發展，社員人數亦隨業務區域擴大及分社增設而增加，社員代表結構亦隨著擴張產生質變；加以台灣民主自我意識高漲，理、監事選舉漸趨激烈，每次理事會選舉，其家人就身心難安。82 年初任滿，邱明政 61 歲，雖然身心依然健康，但在多方考量下，乃毅然決定退休。

卸任前，經向地方各界及理監事徵詢，取得共識，並徵求劉家之同意，推劉炳輝參選第 13 屆理事主席職務。邱明政退休後，仍擔任「金環球」公司董事長，身體、精神健鑠，內心依然關心板信，目前「板信商銀」仍敦請他擔任永久顧問之職，重要情事會借重、徵詢其意見，作為決策考量。

表 3：板信理事主席邱明政任內各項社業務統計　　金額單位：千元

年度	社員人數（人）	股金總數	盈餘	社員福利經費	合作教育經費	社會公益金	存款餘額	放款餘額
67 年	13,780	28,892	15,455	1,830	241	－	2,301,254	1,431,781
68 年	16,347	37,543	26,233	1,715	237	75,000	3,026,179	2,029,070
69 年	21,056	53,982	38,803	5,155	302	1,100,000	4,166,646	2,934,038
70 年	24,469	61,587	63,325	7,224	469	590,000	5,025,459	3,306,989
71 年	29,498	143,141	64,551	8,655	880	1,270,000	6,277,398	4,401,303
72 年	35,602	241,006	91,599	6,799	739	280,000	8,046,965	5,174,945
73 年	42,300	362,384	161,020	8,531	1,039	1,060,000	10,233,825	6,611,048
74 年	45,983	475,023	146,173	9,138	1,058	1,620,000	11,548,818	7,747,361
75 年	48,668	581,777	182,553	10,194	1395	2,545,000	13,363,818	7,342,209
76 年	51,071	544,798	126,395	15,677	1,292	4,600,000	16,373,405	8,158,115
77 年	55,979	572,239	131,101	10,225	1,554	3,415,700	19,130,139	12,608,482
78 年	68,985	2,389,219	292,901	20,042	1,598	1,382,000	23,861,095	15,579,961
79 年	74,749	2,507,926	507,351	27,849	2,361	300,000	26,214,710	18,632,430
80 年	80,202	2,304,401	555,263	15,674	3,127	650,000	31,634,890	22,500,491
81 年	84,762	2,448,708	565,756	28,550	4,480	10,060,000	35,020,305	26,341,622

資料來源：依據板信 67～81 年度〈業務報告〉整理。

四、劉炳輝理事主席

劉炳輝為板橋劉家第 3 代之重要成員，擔任過板信監事、監事主席，及理事職務。邱明政退休時，徵得地方共識，由他續任理事主席。劉炳輝在任內排除困難，協調內外意見，完成板信改制為「板信商業銀行」及合併高雄五信之繁雜工作，並續任「板信商銀」董事長至今。

（一）家族及經歷

劉炳輝生於民國 40 年，兄弟 3 人，排行第 3，為板橋浮州劉家第 3 代重要成員。戰前，劉家務農為業，在浮洲地區種植茉莉花，浮洲是製茶用香花主要產地，劉家是當時種花大戶。劉家土地，在「三七五減租」時，被放領部分土地，獲得一筆資金，為維護家計，乃決意從商。見政府遷台後，人口遽增，房屋、建材需求大增，乃共創「劉大有企業」經營木材生意。〔註56〕

劉家在戰後，即開始參與地方政治事務，劉炳輝父親劉順杞在劉家第 2 代中排行第 2，曾任板橋鎮第 1、2 屆鎮民代表。伯父劉順和曾任板橋第 5、6 屆鎮民代表，〔註57〕任內參與共創板信，為創社理監事之一，歷任監事、理事，前後 32 年。六叔劉順天曾任台北縣第 4 屆縣議員，板橋鎮第 4、5 屆鎮長及第 1 屆市長職務。

第 3 代中，有 3 房劉炳信，曾任板橋市民代表、代表會副主席、縣議員等職務；第 4 房劉炳發，曾歷任數屆台北縣議員〔註58〕及縣議會副議長〔註59〕；第 6 房劉炳偉，則歷任板橋市代表會主席，台灣省議會議長〔註60〕，立法委員，劉炳華亦曾任立法委員〔註61〕。劉炳輝屬第 2 房，父親劉順杞於第 2 屆鎮民代表任滿後，即不再從政，全家都專心於事業經營。

劉炳輝致理商專畢業，退伍後即投入建築業，與父兄共同投資「大順建設」公司，從小工案起步，逐步擴張，累積實力。「大順建設」是以興建平價住宅為主，經十餘年經營，成為板橋、土城等地區知名建設公司。隨著經濟成長，國民所得提高，民國 80 年後，為提升住宅建築品質，劉炳輝另行創立

〔註56〕 參見附錄一劉炳輝訪談紀錄。
〔註57〕 盛清沂、吳基瑞編纂，《板橋市志‧地方自治》，頁 207～220。
〔註58〕 盛清沂、吳基瑞編纂，《板橋市志‧地方自治》，頁 233～309。
〔註59〕 板橋市志編輯委員會編輯，《板橋市志續編》，頁 74。
〔註60〕 盛清沂、吳基瑞編纂，《板橋市志‧地方自治》，頁 231、314。
〔註61〕 盛清沂、吳基瑞編纂，《板橋市志‧地方自治》，頁 195～314；及板橋市志編輯委員會編輯，《板橋市志續編》，頁 74。

「三輝建設公司」，以興建高品質之住宅大樓為主要商品，在台北縣主要繁榮地區，連續推出數個大型工案，在市場上頗受肯定，如今「三輝建設」這個品牌，在板橋、中永和、土城地區，頗具知名度。

（二）參與板信及經營

　　板橋浮洲劉家是凝聚力強的家族，重視對子姪的教導、栽培。長伯劉順和認為板信理、監事會，是年輕人社會歷練非常好的場所，鼓勵他參與板信事務，增加歷練。他於70年當選第25屆監事，次年連任並被推為監事主席，73年轉任板信第10屆理事職務，連任至81年。〔註62〕板信第12屆理事會任滿前，邱明政決意退休。退休前，如何將前人辛苦經營有成的板信，選任適當之續任人才，是他卸任前的重要責任。經他多方徵詢，多數意見認為劉炳輝是合適人選，這件事劉家長輩亦表贊同。〔註63〕82年第13屆理事會理事主席選舉時，在眾望所歸下，以9票順利當選。

　　劉炳輝共歷任2屆理事主席職務，至86年改制為板信商業銀行止，並續任改制後商業銀行董事長職務。他任內的績效，存款餘額增加有216億元以上，放款亦增加104億元，盈餘從81年決算5億6,575萬元增加為7億2,103萬元，84年度之盈餘數，還創下了全台金融機構每一位員工平均最佳盈餘數之成績〔註64〕。社員方面人數增加至102,750人，股金60億元。他的經營成績，也頗受到理事會的肯定，每年都給予優等考核。財政部亦於82年、83年頒給板信財政部優良獎予以表揚。

　　金融自由化後，對信用合作社可以申請開放的業務項目，財政部都給予板信快速核可。83年於財政部放寬信用合作社分社申請條件後，〔註65〕劉炳輝連續申設了中正、大觀、興南3家分社，分別在年內開幕。同一年，開放信用合作社申請承作中小企業貸款業務，板信最先獲得核准開辦；亦准許板信在內的五家大型信用合作社，參加國內資金市場拆放業務，這對信用合作社資金運用有很大助益，亦提高了板信的知名度。〔註66〕

〔註62〕〈板信歷任理監事名冊〉。
〔註63〕參見附錄二邱明政訪談紀錄。
〔註64〕板信編，〈板橋信用合作社84年度業務報告〉（1995年），頁3。
〔註65〕台灣省合作事業協會編印，〈金融機構增設遷移或裁撤國內分支機構管理辦法〉，《合作法令輯要彙編》，頁139。
〔註66〕板信編，〈板橋信用合作社83年度業務報告・八十三年度業務報告〉（1994年），頁8、9。

　　85 年信用合作社改制商銀辦法通過時，〔註67〕板信經由劉炳輝 4 年的經營，存款有 565 億元，放款 360 億元，股金總額累積至 60 億元，員工人數 400 餘名，總分支機構 11 單位，証券收付處一家，年度盈餘達 7 億餘元，在規模與制度上已具備區域性商業銀行的雛型。〔註68〕

（三）完成改制商銀

　　劉炳輝任內完成最大的工作，就是將板信規劃並改制爲商業銀行。政府爲了國家經濟的正常發展，及符合世界潮流，〔註69〕更積極推行金融自由化政策，其中最重要的金融措施，就是開放新銀行設立。

　　民國 80 年，國內商業銀行開放申請設立後，各區中小企銀也打破區域藩籬走向跨區經營，顯示金融自由化的政策速度加快。不過，對地方基層金融的信用合作社來說，並非喜訊，反而形成內憂外患夾擊的形勢。信合社業者對將來充滿憂患意識，早在新銀行要開放前，就有人高聲疾呼。主張改制銀行是唯一的生存之道。〔註70〕

　　84 年 12 月 6 日在各方殷殷期盼下，財政部公布了「信用合作社變更組織爲商業銀行之標準及辦法」。〔註71〕改制的標準爲：實收股本 20 億元以上、逾放比率要小於 2.5%、自有資本占風險性資產比率至少要 8%。〔註72〕辦法公布時，板信的股金有 30.8 億元，是少數幾家合於規定的信用合作社之一。〔註73〕

　　板信改制爲商業銀行的芻議，早在 83 年社員代表常年大會時，已經議決通過，改制爲商業銀行之議。〔註74〕劉炳輝也積極的籌劃，先由全體理事組

〔註67〕台灣省合作事業協會編印，〈信用合作社變更組織爲商業銀行之標準及辦法〉，《合作法令輯要彙編》，頁 43。

〔註68〕〈板信改制商銀再造顚峰〉，《經濟日報》，中華民國，1997 年 10 月 4 日，12 版，企業巡禮。

〔註69〕〈取締地下投資 又熱起來了〉，《聯合晚報》，中華民國，1989 年 8 月 10 日，03 版，話題新聞。

〔註70〕〈因應金融市場競爭新情勢〉，《經濟日報》，中華民國，1994 年 10 月 9 日，18 版，商戰風雲。

〔註71〕台灣省合作事業協會編印，《合作法令輯要彙編》，頁 43。

〔註72〕台灣省合作事業協會編印，〈信用合作社變更組織爲商業銀行之標準及辦法・第二條〉，《合作法令輯要彙編》，頁 43。

〔註73〕〈信合社改制銀行標準出爐〉，《經濟日報》，中華民國，1995 年 5 日 3 日，04 版，金融理財。

〔註74〕00－47.86－100－1，〈板橋信用合作社 83 年度常年社員代表大會紀錄・討論提案第 2 案〉（1994 年 3 月 14 日）。

成「推動改制商業銀行委員會」，〔註75〕後又組織「改制商業銀行推動小組」，〔註76〕同時邀請監事會列席〔註77〕，積極籌劃。在 84 年底，財政部頒布改制辦法後，立即啓動改制作業。

板信改制最大的問題，爲股權分散，多數社員持有股金未滿 1 萬元，理監事持股亦少有超過股金總數 1%以上者。爲避免改制後經營權落入外人手中，劉炳輝乃規劃增股 30 億元，提高股金總額爲 60 億元整。先由理監事、員工、社員代表增認股金，再由一般社員每人 3 萬元內增股，不足部分由理監事認股補足。〔註78〕這次增股完成後，才改善板信的股權結構。

84 年 12 月財政部公布改制辦法及標準後，「台北三信」爲第一家提出申請核准改制爲「誠泰商業銀行」〔註79〕。85 年適逢板信理事會改選，因爲部分候選人資格認定問題，延宕至 5 月 13 日才召開改選後首次理事會，確定由劉炳輝續任理事主席後，才正式著手改制作業。〔註80〕

這一年板信施行二軌作業，11 月 7 日，第 3 次臨時社員代表大會通過「組織變更爲板信商業銀行股份有限公司」。12 月 27 日，召開變更爲「板信商業銀行股份有限公司」第一次股東大會，選出董事 18 位，監察人 5 位，再選出董事長劉炳輝，常駐監察人葉進一。又於 12 月 29 日，舉行第 16 屆社員代表選舉事項，選出 150 位社員代表。〔註81〕

86 年台灣的信用合作社發了兩極的變化，體質好的紛紛改制爲商業銀行，體質不良的開始被監管或被合併。6 月 11 日，高雄市有高雄五信及高雄十信發生擠兌，〔註82〕財政部立即予以監管〔註83〕，並尋求「板信」概括承

〔註75〕 00－82.84－100－5，〈板橋信用合作社 83 年度第 7 次理事會記錄・討論事項第 11 案 5〉（1994 年 7 月 25 日）。

〔註76〕 00－85.86－100－6，〈板橋信用合作社 85 年度第 5 次理事會記錄・討論事項第 8 案〉（1996 年 4 月 20 日）。

〔註77〕 00－85.86－100－6，〈板橋信用合作社 85 年度第 6 次理事會記錄・報告事項第 11 案〉（1996 年 5 月 22 日）。

〔註78〕 本文第三章，第一節，第四大段，〈（四）、板信 10 萬名社員，60 億股金的形成〉。

〔註79〕 〈台北第三信用合作社更名誠泰商銀，爲首家信合社改制的銀行〉，《經濟日報》，中華民國，1997 年 1 月 3 日，20 版，商情資訊。

〔註80〕 00－85.86－100－6，〈板橋信用合作社 85 年度 5 月份第 1 次（改選後首次）理事會記錄・討論事項〉（1995 年 5 月 22 日）。

〔註81〕 板信編，〈板橋信用合作社 85 年度業務報告・八十五年重要紀事〉（1996 年），頁 10。

〔註82〕 〈五信失血 15.3 億 十信被領 4.8 億〉，《經濟日報》，中華民國，1997 年 6 月 12 日，02 版，要聞 2。

受「高雄五信」,「泛亞銀行」承受「高雄十信」。爲這件事,劉炳輝從 6 月 13 日至 7 月 25 日召開了 7 次理監事座談會,尋求共識,〔註84〕板信理監事對合併高雄五信疑慮甚深,一直未能做出決定。〔註85〕

　　板信改制之申請於 86 年 7 月 9 日獲得核准。〔註86〕「高雄五信」合併案,也在 7 月分第 3 次臨時理事會作成決議,通過「受讓高雄市第五信用合作社全部資產、負債」,並授權劉炳輝全權處理。但據云:該案於會中已遭否決,消息傳入財政部,因事關重大,財政部乃派出一位組長、一位專員親赴板信,要求劉炳輝再次召集會議,於會中強力說服與會的理監事,同意承受高雄五信。〔註87〕理事會後,板信在 9 月 19 日特別召集第 2 次臨時社員代表大會,追認「受讓案」,並授權理事會全權處理受讓事宜,同時決議 9 月 29 日爲高雄五信讓與「基準日」,9 月 30 日正式改制爲商業銀行日期。〔註88〕

　　板信社員代表大會通過受讓案後,改制作業十分順利,86 年 9 月 30 日,板信終於結束祂歷史性的任務,在劉炳輝主持下改制爲「板信商業銀行」,以全新面貌迎向新的未來。

表 4:板信理事主席劉炳輝任內各項社業務統計　　金額單位:千元

年度	社員人數(人)	股金總數	盈餘	社員福利經費	合作教育經費	社會公益金	存款餘額	放款餘額
82 年	91,148	2,684,258	650,291	25,010	4,390	7,262,000	41,726,264	29,564,417
83 年	98,258	2,837,872	708,755	18,674	4,896	—	52,319,321	34,364,399
84 年	100,718	3,081,606	722,873	38,617	5,296	1,330,000	54,482,166	39,211,969
85 年	102,705	6,000,093	721,035	41,943	6,057	5,100,000	56,637,359	36,722,658

資料來源:依據板信 64～66 年〈業務報告〉整理。

〔註83〕〈財部派員監管高雄五信、十信〉,《經濟日報》,中華民國,1997 年 6 月 13 日,01 版,要聞 1。

〔註84〕參見板信 86 年 6～7 月份理事會議紀錄。

〔註85〕參見附錄二邱明政訪談紀錄、附錄四陳錦成訪談紀錄、附錄五郭道明訪談紀錄、附錄六朱茂陽訪談紀錄。

〔註86〕00－85.86－100－6,〈板橋信用合作社 86 年度 7 月份第 1 次理事會記錄・報告事項第 1 項〉(1997 年 7 月 11 日)。

〔註87〕參見附錄二邱明政訪談紀錄、附錄三葉進一訪談紀錄、附錄四陳錦成訪談紀錄、附錄五郭道明訪談紀錄、附錄六朱茂陽訪談紀錄。

〔註88〕00－47.86－100－1,〈板橋信用合作社 86 年度第 2 次臨時社員代表大會紀錄〉(1997 年 9 月 19 日)。

附錄九

板信歷任理事學、經歷表

順序	姓名	初任年齡	初任屆次	歷 任	學 歷	經 歷	備 註
1	邱榮隆	47	1	1～6 屆理事主席	國小	1、2～4 板橋鎮代表；5～7 屆代表會主席。 2、榮隆企業	創社理事主席
2	徐朝鳳	70	1	1～3 屆理事	〈日治〉國語學校師範部	1、（日治）板橋信用組合常務理事 2、厚生企業創辦人	創社理事
3	吳明	61	1	1、2 屆理事	初小畢業	赤松里 2～7 任里長	創社理事
4	邱木		1	1～3 屆理事		邱來興店東	創社理事
5	歐潤	52	1	1～6 屆理事	漢學	雜貨行	創社理事
6	江陳樹	52	1	1、2 屆理事		建築業	創社理事
7	汪金傳	56	1	1、2 屆理事		金飾店	創社理事
8	林平賜	42	1	1～4；6～8 屆理事	日本同志社中學	1、（日治）板橋信用組合職員 2、糧食局稽核	創社理事
9	邱海水	42	1	1～12 屆理事	國小畢業	1、台北縣第（3、4）屆縣議員 2、合豐公司董事長	1、創社理事 2、邱榮隆之弟

順序	姓名	初任年齡	初任屆次	歷任	學歷	經歷	備註
10	吳樹木	40	1	1、2 屆理事		金飾店	創社理事
11	廖癸霖	30	1	1 屆理事		商	1、創社理事 2、汪金土女婿
12	邱垂源	42	2	2～5 屆理事	初中畢業	1、第 5、6 屆鎮代表 2、金益利店東 3、北縣米糧公會代表	曾任第 1～3 監事
13	曾清圳	34	2	2 屆理事	高中畢業	1、5、6 屆鎮代表 2、學義商店店東	曾任社員代表第 1 屆
14	林振利	62	3	2～5 屆理事	國校畢業	1、3～6 屆鎮代表 2、雜貨行、肉品商	曾任社員代表第 1～3 屆
15	呂童祥	55	3	3 屆理事	初小畢業	黃石里 3～7 里長	曾任社員代表第 1、2 屆 第 5 屆監事
16	張金瑞	38	3	3 屆理事	初中畢業	1、第 5～7 屆鎮代表 2、北縣府科員	曾任社員代表第 1 屆
17	江宜火	46	3	3～5 屆理事		雜貨店	曾任社員代表第 1～3 屆
18	林宗賢	35	3	3 屆理事	開南工業學校	板橋自來水廠廠長	曾任社員代表第 2、3 屆
19	莊賜皇	36	4	4、5；7、8 屆理事	初小	1、第 8、9 屆鎮代表；第 1、2 屆市代表 2、機車行	曾任社員代表第 5 屆
20	徐坤塗	42	4	4 屆理事	成淵中學	北縣府人事室副主任	曾任社員代表第 1；3～5；7～12 屆
21	劉順和	58	5	5～11 屆理事	國民學校	1、第 5、6 屆鎮代表 2、劉大有木材廠	曾任監事第 1～12 屆
22	徐風惠		5	5、6 屆理事	專農畢業	厚生企業	1、曾任社員代表第 2～7 屆 2、徐朝鳳之子

順序	姓名	初任年齡	初任屆次	歷任	學歷	經歷	備註
23	林重豪	50	5	5～7；12屆理事	國民學校	1、板信總經理 2、第6屆鎮代表	
24	林延湯	50	5	5～7屆理事	高中畢業	1、第5、7、8屆鎮代表 2、第7～9屆北縣議員 3、存德營造；建築業	曾任社員代表第5～7屆
25	邱春木	57	5	5～10屆理事	國小	1、黃石里第8任里長 2、米穀公會代表	1、曾任社員代表第1～7屆 2、邱榮隆之弟
26	林金塗	46	5	5～9屆理事	國民學校	1、第8屆鎮代表 2、新興里里長 3、台新行東；建築業	
27	郭道明	30	5	5～14屆理事	台北工專	貿易商	林平賜女婿
28	林宜火	52	5	5～8屆理事	初小畢業	1、中和鄉第5、6；8屆鄉代表 2、雜貨店；磚窯廠東	1、曾任監事第1～4屆 2、曾任社員代表第6屆
29	林清水	40	5	5～13屆理事	初中	釀醋廠；家具店	
30	呂茂田	56	6	6屆理事	國小	豆類食品行店東	1、曾任社員代表第6屆 2、曾任監事第13屆
31	葉資凱	47	6	6；8、9屆理事	初級職校（商）	縣府職員；建築業	
32	陳陽生	39	6	6、7屆理事	高中畢業	第9屆鎮代表；第1、2屆市代表 機車行	曾任社員代表第7屆
33	邱明政	43	7	7～12屆理事	北商畢業	第7、8屆北縣議員	1、板信第7～12屆理事主席 2、邱榮隆長子
34	廖聰賢	33	7	7～10屆理事	中原大學	第3、4屆市代表 百貨行、建築業	

順序	姓名	初任年齡	初任屆次	歷任	學歷	經歷	備註
35	江溪釧	52	7	7屆理事	成淵中學	1、第9屆鎮代表；第1～4屆市代表 2、洗衣店	曾任社員代表第7、8屆
36	邱垂興	49	8	8、9屆理事	日據高等科（初中）	邱來興店東	邱木之子
37	廖金順	47	8	8、9屆理事	1、師大肄業 2、日本短期大學	1、第6～8屆鎮代表 2、第8、9屆北縣議員 3、任69年增額國大代表 4、水泥經銷；建築業	曾任社員代表第8、9屆
38	陳騰麒	45	8	8～11屆理事	高中畢業	1、（2、3）屆市代表；第5、6屆市代會主席 2、福大文具行；建築業	曾任社員代表第8屆 第20屆監事
39	陳義德	43	8	8、9屆理事	高商肄業	錦輝電線電纜廠	曾任社員代表第8、9屆
40	郭佑福	42	8	8～11屆理事	淡江大學肄業	1、第3屆市代表 2、第10、11屆北縣議員 3、建築業	
41	羅禎吾	47	8	8～13屆理事	初中	縣府職員 土地代書	曾任社員代表第8～10屆
42	廖聰海	57	12	12屆理事	開南商工學校	1、第9、10屆北縣議員 2、廖發記商行	1、曾任監事第17～19；21屆 2、監事主席20；22～25屆
43	黃順燕	48	10	10～14屆理事	高中	電器行；建築業	曾任社員代表第11屆
44	許三郎	45	10	10～13屆理事	高中畢	建築業；義消	
45	陳欽諭	39	10	10、11屆理事	工專畢業	建築業	曾任社員代表第9～11屆

順序	姓名	初任年齡	初任屆次	歷　任	學　歷	經　歷	備　註
46	劉炳輝	33	10	10～12 屆理事 13、14 屆理事主席	致理商專	建築業（大順建設、三輝建設董事長）	曾任監事第25、27 屆；監事主席第26 屆
47	賴光明	32	10	10～13 屆理事	大學畢	汽車零件（貿易商）	
48	邱明信	51	11	11～14 屆理事	高中	黑松飲料配銷；建築業	1、曾任社員代表第 10～12 屆 2、邱榮隆二子
49	徐秀廷	39	11	11；13 屆理事	致理商專	1、第 10、11 屆北縣議員 2、建築業	曾任監事主席第28、29 屆
50	王世原	34	11	11～14 屆理事	商專	建築業	曾任社員代表11 屆 監事第 26～29 屆；第 30 屆監事主席
51	張瑞進	39	12	12～14 屆理事	高商	建築業	曾任社員代表第 12、13 屆
52	劉炳煌	37	12	12～14 屆理事	大學	建築業	曾任社員代表第 11～13 屆
53	林同義	36	12	12～14 屆理事	大專	建築業	
54	陳錦成	61	13	13、14 屆理事	北商畢	板橋信用總經理	
55	朱茂陽	60	13	13、14 屆理事	高商	1、6～8 屆鎮民代表；9 屆鎮代會主席（第 1 屆市代會主席） 2、板橋信用副總退休 3、建築業	
56	呂禮旺	44	14	14 屆理事	高商畢	建築業	曾任監事第 33～37 屆
57	何溪泉	41	14	14 屆理事	成功大學	建築業	
58	劉賴偉	35	14	14 屆理事	格致高中	建築業	
59	劉朝升	30	14	14 屆理事	逢甲大學	建築業	
60	邵勝紅	51	14	14 屆理事	大專畢	建築業	曾任社員代表第 9～14 屆

板信歷任監事學、經歷表

順序	姓　名	初任年齡	初任屆次	歷　任	學　歷	經　歷	備　註
1	林水木	42	1	1～19屆監事主席	國民學校	1、社後里第2任里長 2、第3；5、6屆鎮代表	「板信」第1～19屆監事主席
2	劉順和	48	1	1～12屆監事	國民學校	1、第5、6屆鎮代表 2、劉大有木材廠	轉任「板信」5～11屆理事
3	汪金土	51	1	1～4屆監事		金飾店	第1屆理事汪金傳之弟
4	邱垂源	32	1	1～3屆監事	初中畢業	1、第5、6屆鎮代表 2、金益利店東 3、北縣米糧公會代表	轉任「板信」第2～5屆理事
5	林宜火	40	1	1～4屆監事	初小	1、中和鄉第5、6；8屆鄉代表 2、雜貨店；磚窯廠東	轉任「板信」第5～7屆理事 第6屆社員代表
6	林金發	47	4	4～12屆監事	成淵學校預科畢業	鎮公所民政課長、主任秘書	曾任社員代表第1屆
7	呂童祥	53	5	5～10屆監事	初小畢業	黃石里3～7里長	1、曾任社員代表第1、2屆 2、轉任「板信」第3屆理事
8	高金旺	42	5	5～9屆監事	成淵學校法政科畢業	挹秀里第6～9任里長	曾任社員代表第1、2屆
9	江榮圳	58	6	6～11屆監事	初中畢業	1、留侯里第2任里長 2、第3屆鎮代表	曾任社員代表第1、3屆
10	詹傳貴	49	10	11、12；13～16；18屆監事	日治初中	豆類食品行店東	曾任社員代表第2屆

順序	姓　名	初任年齡	初任屆次	歷　任	學　歷	經　歷	備　註
11	張梅松	47	12	12～21；23、24；26；28～31屆監事	國小	大華西服號店東	1、曾任社員代表第1～6屆 2、「板信」第31屆監事主席
12	林顯瑛	45	12	12、13；19、20；22～25；27屆監事	國校		1、曾任社員代表第4～8屆「板信」 2、第27屆監事主席
13	呂茂田	53	13	13屆監事	國小	豆類食品行店東	1、曾任社員代表第6屆 2、轉任「板信」第6屆理事
14	簡秋源	52	14	14～17屆監事	高中		1、曾任社員代表第4～7屆 2、轉任「板信」幹部
15	吳聰盛	31	14	13～16屆監事	高中	1、曾任板橋農會職員 2、家庭五金行	
16	林肇國	41	17	17～20屆監事	高商畢業	大觀印刷廠負責人	曾任社員代表第3～7屆
17	廖聰海	39	17	17～26屆監事	開南商工學校	1、第9、10屆北縣議員 2、廖發記商行	1、「板信」第20；22～25屆監事主席 2、轉任「板信」第12屆理事
18	陳騰麒	43	20	20、21屆監事	高中畢業	1、（2、3）屆市代表；第5～屆市代會主席 2、福大文具行；建築業	1、曾任社員代表第8屆 2、轉任「板信」第8～11屆理事
19	陳德夫	38	20	20；22、23屆監事	高農		曾任社員代表第9屆

順序	姓　名	初任年齡	初任屆次	歷　任	學　歷	經　歷	備　註
20	陳義德	43	21	21 屆監事主席	高商肆業	錦輝電線電纜廠	1、曾任社員代表第 8、9 屆 2、轉任「板信」第 8、9 屆理事
21	林福田	37	22	22～25；27、28 屆監事	高工補校	麵包店東	曾任社員代表第 9 屆 任第 27 屆監事時改名林福泰
22	簡定意	32	24	24～28；30 屆監事	高商	建築業	轉任社員代表第 15、16 屆
23	劉炳輝	30	25	25～27 屆監事	致理商專	大順建設、三輝建設董事長、建築業	1、「板信」第 26 屆監事主席；27 屆監事 2、轉任「板信」第 10～12 屆理事；第 13、14 屆理事主席
24	王世原	29	26	26～29 屆監事	商專畢	建築業	1、曾任社員代表第 11 屆 2、任「板信」監事第 26～29 屆；第 30 屆監事主席 3、轉任「板信」第 11～14 屆理事
25	徐秀廷	31	28	28、29 屆監事	致理商專	1、第 10、11 屆北縣議員 2、建築業	1、「板信」第 28、29 屆監事主席 2、轉任「板信」第 11、13 屆理事

順序	姓　名	初任年齡	初任屆次	歷　任	學　歷	經　歷	備　註
26	賴金波	58	29	29～32；35～37屆監事	高商	1、板橋市新興里第3～5屆里長 2、第12、13屆北縣議員	1、曾任社員代表第10、11屆 2、「板信」第35～37屆監事主席（37屆任期3年）
27	謝瑞菁	28	29	29～31屆監事	商專畢	營造公司	板信離職員工
28	吳清池	38	31	31屆監事	高商畢	1、板橋市第6屆市長；現任立委 2、建築業	曾任社員代表第12屆
29	鐘清貴	26	31	31、32屆監事	高商畢	板橋市僑中里第5屆里長	
30	林功松	37	32	32～34屆監事	高商畢	建築業	1、曾任社員代表第9屆 2、「板信」第32～34屆監事主席
31	賴騰蟠	38	32	32、33屆監事	商專畢	建築業	
32	盧美珍	32	32	32～34屆監事	高商畢	建築業	
33	呂禮旺	37	33	33～37屆監事	高商畢	1、中和市第3～6屆市代表；第7屆副主席 2、建築業	轉任「板信」第14屆理事
34	邱顯澤	55	34	34；37、38屆監事	高商畢	板橋市廣福里第5屆里長	
35	葉進一	46	34	34～38屆監事	高商畢		1、曾任社員代表第12、13屆 2、「板信」第38屆監事主席（任期3年）
36	邱麗華		35	35、36屆監事	高商畢		

順序	姓　名	初任年齡	初任屆次	歷　任	學　歷	經　歷	備　註
37	陳尚澈	31	36	36～38屆監事	崇右企專	建築業	理事陳騰麒公子
38	簡林龍	44	38	38屆監事	高商	建築業	曾任社員代表第12～15屆

資料來源：一、依據：（一）板信各年〈社務會紀錄〉，附件〈理監事候選人資格審查表〉；（二）板信文書股自編〈歷屆理監事名冊〉；（三）、查詢板信電腦檔案資料整理。

二、公職資料依據：盛清沂、吳基瑞編，《板橋市誌》整理。

三、資料印證：（一）前總經理、板信商銀董事：陳錦成；（二）板信商銀常務董事：郭道明；（三）板信商銀監察人、前副總經：朱茂陽；（四）板信商銀監察人、前協理陳騰駿；（五）板信商銀常務董事、前經理：陳宗良；（六）現任經理：張錫煌、賴阿仁；（七）前經理：林政一、廖正通。